고양이도
이해하는
쇼펜하우어

고양이도 이해하는 쇼펜하우어

초판 1쇄 인쇄 | 2025년 5월 22일
초판 1쇄 발행 | 2025년 5월 29일

지은이 | 이채윤
펴낸이 | 최병윤
펴낸곳 | 행복한마음
출판등록 | 제10-2415호 (2002. 7. 10)

주소 | 서울시 마포구 성미산로2길 33, 202호
전화 | (02) 334-9107
팩스 | (02) 334-9108
이메일 | bookmind@naver.com

출판투자 | 김진명
인쇄 | 하정문화사

쇼펜하우어 철학을 관통하는 50가지 키워드

이 채 윤 지음

고양이도
이해하는

쇼펜하우어

Arthur Schopenhauer

행복한마음

철학 탐정 제스퍼, 등장!

아무도 모른다. 지구의 어느 한구석, 고양이만이 드나들 수 있는 아주 작고 낡은 서재에 시간이 멈춰 있는지도. 그 방에는 책이 천장까지 쌓여 있고, 오래된 시계는 쇼펜하우어가 생전에 쓰던 것과 똑같은 음울한 초침 소리를 낸다. 그 속에서 스코티시 폴드 한 마리가 정교한 붉은 연어 캔을 우아하게 따며 말했다.

"그건 냥답지 않군. 왜 인간들은 자꾸 같은 실수를 반복하는 걸까? 행복을 원하면서도 고통을 부르고, 자유를 말하면서도 자발적으로 족쇄를 찬다니."

그의 이름은 제스퍼. 귀엽고 똑똑한 철학 탐정 고양이. 왼쪽 귀는 살짝 접혀 있고, 초록빛 눈동자에는 베를린의 밤과 벤야민의 고민이 담겨 있다. 그는 시간을 넘나들 수 있다. 자본론이 처음 인쇄되던 런던의 인쇄소에도, 쇼펜하우어가 담배를 물고 플루트를 불던 프랑크푸르트의 오후에도, 어느 방구석에서 생선 캔을 따던 지금, 이 순간에도.

이 이야기는 바로 그런 제스퍼의 탐정기록에서 시작된다. 그는 단순히 사건을 해결하지 않는다. 그는 사상의 틈새를 파고든다. 그는 진실의 냄새를 맡는다. 무엇보다 그는 쇼펜하우어의 철학을⋯ 기가 막히게 좋아한다. 왜냐고? 그는 인간들의 끝없는 욕망과 집착, 그리고 반복되는 자기기만을 이미 수백 번이나 목격했기 때문이다. 그는 말했다.

"역설 속에 진실이 있지, 냐하하! 그럼, 나와 함께 시간여행을!"

제스퍼의 첫 번째 기록은 1818년 독일 드레스덴에서 시작된다. 비 내리는 오후, 젊은 아르투어 쇼펜하우어가 글쓰기의 열기 속에서 펜을 꺾고 창밖을 바라보는 순간이었다.

"세상은 의지다⋯ 그리고 표상이다. 하지만 이 책, 누가 알아줄까?"

그 순간 제스퍼가 벽난로 위 책장의 틈에서 고개를 내밀었다. 아무렇지도 않게 그 방 안으로 성큼 들어와 방석 위에 털썩 앉더니 말했다.

"그건 냥답지 않군, 아르투어. 넌 이미 진실을 본 자야. 세상이란 우리가 욕망하는 한 괴로울 수밖에 없어. 하지만 왜 그걸 글로 써놓고 주눅 드는 거지?"

쇼펜하우어는 처음엔 놀라워했지만, 곧 조용히 웃으며 말했다.

"너⋯ 고양이 치고는 말이 많군."

"쇼펜하우어, 난 단순한 고양이가 아니야. 난 너의 철학 탐정, 제스퍼. 내 털에 마르크스주의가 묻어 있지. 인간들이 망가뜨린 세상의 작동 원리를 나는 안다. 너의 비관주의, 나는 이해하고 동의하지. 그건 회피가 아니라 직시거든."

그날 밤 쇼펜하우어는 제스퍼와 함께 긴 밤을 보냈다. 그는 자기가 말로 표현하지 못했던 미세한 감정과 개념을 제스퍼의 질문으로부터 포착해 냈고, 제스퍼는 그의 사고를 우아하게 정리했다.

"행복이란 단지 고통의 부재일 뿐. 만족은 허상, 욕망은 지배. 그리고 인간은 자신이 뭘 원하는지 모른 채 그것을 갈망하지."

제스퍼는 그의 무릎 위에서 파닥이며 말했다.

"그런데 말이지, 넌 왜 인간의 본질을 저주하면서도 그렇게 집요하게 그 본질을 해명하려는 거지?"

쇼펜하우어는 한참을 말없이 연기 나는 담배를 피운 뒤 조용히 대답했다.

"혹시 말이야, 나는 철학을 쓰는 척하면서 사실은 나 자신에게 말걸고 있었던 게 아닐까…?"

그 순간 제스퍼의 귀가 쫑긋 세워졌다. 이 고양이는 무언가를 감지한 듯했다. 그는 곧 털을 한껏 세우고 말했다.

"시간의 균열이 생겼군. 다음 장면으로 가야겠어. 넌 여기 남아. 난 루소의 집 앞 정원에서 걷고 있는 한 청년을 만나러 가야 하거든. 그는 곧 니체가 될 거야."

그 이후로 제스퍼는 '철학의 냄새가 진하게 나는 현장'이라면 어디든 날아갔다. 벤야민이 마지막으로 가방을 꾸리던 피레네산맥의 아침, 키에르케고르가 거리 한복판에서 일기장을 던지던 순간, 심지어 프로이트가 꿈속을 해석하며 의자에 앉아 있던 밤. 그는 그 모든 장면 속에서 인간의 진실을 찾아 헤맸다. 그리고 쇼펜하우어라는 거대한 벽에 계속해서 부딪혔다.

왜? 그는 가장 일관된 비관주의자이면서도, 그 누구보다도 인간 내면의 빛을 믿었던 자였기 때문이다.

이 책은 철학 탐정 제스퍼가 남긴 기록이다. 각각의 장면은 그가 쇼펜하우어와 나눈 대화이거나 쇼펜하우어의 사상을 확인하기 위해 시간과 공간을 뛰어넘어 만난 인물들, 예컨대 마담 드 스탈, 루소, 괴테, 니체, 부처, 공자 그리고 당신일지도 모를 어떤 사람과의 조우를 다룬다. 각 장은 한 가지 질문으로 시작된다. 그 질문은 당신의 삶과도 깊이 연결되어 있다. 제스퍼는 언제나 그 질문에 다음과 같이 말할 것이다.

"그건 냥답지 않군! 그럼, 나와 함께 시간여행을!"

다음 장 PART 1의 시작은 이런 질문에서 출발한다.

『쇼펜하우어는 왜 항상 우울했을까?』

제스퍼는 그 답을 알기 위해 1805년 함부르크 운하로 뛰어들 것이다. 그날 쇼펜하우어의 아버지가 시체로 발견되었던 그 순간으로.

| 차례 |

PART 1

쇼펜하우어, 그는 누구인가요?

쇼펜하우어는 18~19세기 독일 철학자이며, 세계를 고통과 의지의 투쟁으로 본 대표적 비관주의자다. 그는 부유한 상인의 아들로 태어났지만, 아버지의 자살과 어머니와의 갈등 속에서 고독한 청년기로 접어들었다. 청년 시절 그는 요한나 쇼펜하우어의 문학 살롱에서 괴테와 만났고, 색채론을 두고 짧은 철학적 교류를 나눈다. 그러나 쇼펜하우어는 세속적 인정과 거리 두며, 인간관계와 사랑, 결혼조차 회의적으로 바라보며 혼자 살기를 선택했다. 베를린 대학에서는 헤겔과 강의실을 두고 경쟁했지만 철저히 외면당했고, 이후 대중과 학계로부터 고립되었다. 그의 유일한 위로는 개와 고양이, 그리고 매일 오후 다섯 시의 플루트 연주였다.

그 모든 고립과 고통 속에서 그는 철학을 남겼고, 세상을 '표상'과 '의지'라는 개념으로 해부하며 인간 존재의 본질에 접근했다.

Chapter 1

쇼펜하우어는 왜 항상 우울했을까?

철학 탐정 제스퍼는 고양이다. 하지만 그냥 고양이가 아니다. 그는 시간과 공간을 넘나드는, 세상에서 가장 호기심 많은 철학 탐정이었다. 회색 털에 샛노란 눈, 사뿐사뿐 걷는 발끝엔 언제나 침묵이 맴돌았고, 어디든 자유롭게 드나들며 인간의 심연을 들여다보았다. 이번 그의 임무는 간단하면서도 까다로웠다. 아르투어 쇼펜하우어, 그는 왜 그토록 우울했는가? 이 지긋지긋한 질문을 파헤치기 위해 제스퍼는 1859년 프랑크푸르트의 융커 거리로 향했다.

그날 저녁은 잿빛이었다. 하늘은 무거웠고, 공기는 마치 누군가 오래된 한숨을 꾹 눌러 펼쳐놓은 듯 축축했다. 제스퍼는 쇼펜하우어의 집 옆 골목을 따라 조심스레 발을 옮겼다. 벽을 타고 담장을 넘은 뒤 창문 틈으로 들어가자, 저녁 햇살이 막 식어가던 응접실이 눈앞에 펼쳐졌다. 두꺼운 커튼, 묵직한 가구들, 그리고 가운데 의자에 앉아 있는 백발의 노인. 쇼펜하우어였다. 그는 책을 내려놓고 가만히 플루트를 들고 있었다. 불지도 않고, 닦지도 않았다. 그저 들고 있을 뿐이었다. 제스퍼는 알았다. 그건 악기가 아니라 버팀목이었다.

그는 우울했다. 그런데 그 우울은 단순한 기분이 아니었다. 감정이라기보다는 체온에 가까운 것이었다. 언제나 그의 몸속에서 일정하게 흐르는, 식지 않는 체온처럼 그는 그것을 안고 살았다.

제스퍼는 그를 며칠간 따라다니며 지켜봤다. 오전엔 집에서 책을 읽고, 정오엔 간단히 식사를 하고, 오후 다섯 시에는 늘 플루트를 불었다. 저녁엔 긴 산책을 나갔다. 그는 사람들과 거의 말을 섞지 않았다. 거리에서 누군가 인사라도 하려고 하면 눈빛 하나로 차단했다. 그 모든 반복 속에 제스퍼는 단 하나의 일관된 감정을 보았다. 진절머리 나는 고통이었다.

제스퍼는 다시 시간을 거슬러 쇼펜하우어의 과거를 탐색했다. 단치히. 그의 어린 시절은 번듯했다. 아버지는 엄격하고 부유한 상인이었고, 어머니는 사교적이고 감각적인 문학인이었다. 하지만 이 화려한 집안의 균형은 곧 깨졌다. 아버지는 우울증과 불신에 시달리다 어느 날 창고에서 떨어져 죽었다. 추락인지 자살인지 알 수 없었다. 어머니는 그 후 바이마르로 이사했고, 쇼펜하우어는 뿌리째 뽑힌 채 혼란에 빠졌다.

바이마르에서의 생활은 더 끔찍했다. 그의 어머니, 요한나는 문학 살롱의 스타였고, 아르투어 쇼펜하우어는 그곳의 이방인이었다. 그녀는 웃으며 문인을 접대하고 예술을 이야기했지만, 아들의 비판적인 눈초리를 참지 못했다. 그는 어머니를 가식적이라 느꼈고, 그녀는 아들을 무례하다고 여겼다. 그들의 충돌은 반복되었고, 결국 쇼펜하우어는 어머니의 집을 떠났다. 그리고 다시는 돌아오지 않았다. 그 이후로 24년. 아들은 어머니의 죽음을 알면서도 조문조차 하지 않았다. 그 긴 세월 동안 그는 철저히 혼자였고, 어머니는 그의 삶에서 지워졌다. 단절은 단순한 감정이 아니었다. 존재의 뿌리를 끊어낸 일이었다.

  제스퍼는 그것이 첫 번째 균열이었다고 판단했다. 어린 나이에 경험한 죽음과 배신, 그리고 어머니와의 결별. 그것은 쇼펜하우어에게 인간과 관계를 신뢰할 수 없다는 철학적 전제를 심어주었다. 이후 그의 철학은 모두 이 전제를 중심으로 구축되었다. '세계는 나의 표상이다'라는 말 뒤에는 '그러므로 나는 그 누구도 신뢰할 수 없다'는 선언이 숨어 있었다.

  그는 칸트를 읽었고, 플라톤을 흡수했으며, 마침내 '의지'라는 개념을 중심으로 독자적 체계를 세웠다. 세계는 이성으로 이해되는 것이 아니라, 맹목적이고 충동적인 '의지'에 의해 지배된다고 그는 주장했다. 이 의지는 끝없이 욕망하고 만족을 모른다. 인간은 이 의지의 꼭두각시에 불과하며, 그 때문에 고통은 필연적이다. 삶은 욕망, 충족, 권태의 반복이고, 그 어디에도 진정한 평화는 없다.

제스퍼는 쇼펜하우어의 서재를 샅샅이 살폈다. 책상 위에 놓인 노트엔 이런 문장이 적혀 있었다. "행복이란 고통의 일시 정지일 뿐이다." 그것은 삶 전체를 부정하는 문장이었다. 하지만 쇼펜하우어는 자살하지 않았다. 그는 죽는 것조차 의지의 소산이며, 그것은 또 다른 욕망일 뿐이라고 보았다. 그래서 그는 죽지도 살지도 않는 경계에 스스로를 가뒀다. 철학으로 벽을 세우고, 예술로 틈을 내고, 플루트로 숨을 쉬었다.

플루트. 제스퍼는 매일 오후 다섯 시, 쇼펜하우어가 불던 그 조용한 소리를 기억했다. 그것은 음악이라기보다는 주문에 가까웠다. 그는 그 시간만큼은 고통에서 멀어졌고, 아무것도 판단하지 않았으며, 존재 그 자체로 남아 있었다. 마치 고양이처럼.

쇼펜하우어는 사람을 싫어했다. 그는 군중을 경멸했고, 철학자들을 조롱했으며, 헤겔에 대해서는 노골적으로 혐오를 드러냈다. 그는 세상이 어리석다고 믿었고, 어리석음은 고통을 낳는다고 생각했다. 그는 웃지 않았고, 누군가를 사랑하지 않았으며, 친구도 거의 없었다. 고양이와 개만이 그의 서재에 출입할 수 있었다. 그들이 유일하게 의지가 없는 존재라 여겼기 때문이다.

제스퍼는 그런 쇼펜하우어에게 감정이입을 느꼈다. 그는 철저히 고독했고, 그래서 더 정직했다. 그가 경험한 고통은 철학이 되었고,

철학은 다시 그를 고통 속에 가두었다. 그 순환의 한가운데에서 그는 외쳤다.

"살고 싶지 않지만, 죽을 수도 없다."

우울은 증상이 아니었다. 그것은 그의 존재 방식이었다. 사랑하지 않음으로써 상처를 피하고, 기대하지 않음으로써 절망을 피하며, 혼자 있음으로써 세계와 타협하지 않았다. 그것이 쇼펜하우어의 방식이었다. 제스퍼는 그것이 약함이 아니라 버티는 자의 강함이라고 생각했다.

그날 저녁, 제스퍼는 조용히 창문을 빠져나와 지붕 위로 올라섰다. 밤은 깊어졌고, 플루트 소리는 멈췄지만, 그 여운은 오래도록 프랑크푸르트의 골목을 맴돌았다. 쇼펜하우어, 그는 우울했지만 동시에 통찰했다. 그리고 그 통찰은 인간을 아주 깊은 곳에서 외롭게 만든다. 철학이란 결국 그 외로움에 끝까지 견디는 작업이었다.

Chapter 2

어머니와의 싸움, 철학이 되다

제스퍼가 처음 바이마르의 문학 살롱에 발을 디뎠을 때, 분위기는 꽤나 화창했다. 촛불은 은은했고, 웃음소리는 유쾌했으며, 화려한 언변이 방안을 채우고 있었다. 하지만 그 밝음의 중심에는 언제나 어둠을 품은 균열이 있다. 그날도 그랬다. 웃음 속에서 제스퍼는 단번에 둘만의 침묵을 알아챘다. 요한나 쇼펜하우어와 그녀의 아들, 아르투어 쇼펜하우어.

어머니 요한나는 당대 최고의 인기 작가였다. 『린다(Linda)』, 『모르간(Memoiren einer Idealistin)』 등은 독일 전역에서 베스트셀러가 되었고, 여성 작가로서는 드물게 문단의 중심에 올라섰다. 그녀는 바이마르의 문학 살롱을 직접 운영하며 괴테, 장 파울, 빌헬름 그림, 나폴레옹 시절 프랑스에서 건너온 귀족들까지, 유럽 최고 수준의 지성과 예술가들과 활발히 교류했다. 말하자면 그녀는 당대 문학의 허브였고, 모두가 그녀 앞에선 유쾌한 얼굴을 유지하려 애썼다.

하지만 그녀의 아들은 예외였다. 그는 방 한구석에서 팔짱을 낀 채 모든 것을 의심하는 눈으로 살롱의 대화를 관찰하고 있었다. 그는 어머니의 친구들이 쏟아내는 말들을 허영의 장식으로 여겼고, 그들이 주고받는 칭찬을 감정 없는 교환이라 간주했다. 칭찬은 계산이었고, 웃음은 사회적 의무였다. 그 눈빛 하나로 살롱 전체의 리듬이 어그러질 정도였다.

어머니는 그런 아들이 거북했다. 자신의 사교적 기질을 유전받지 않은 데 대한 실망감, 그리고 무엇보다도 아들의 '지나치게 정직한 눈빛'을 견딜 수 없었다. 쇼펜하우어는 늘 본질을 찌르려 했고, 말에 숨은 동기를 캐내려 했으며, 겉치레를 참지 못했다. 요한나에게 쇼펜하우어는 분위기를 망치는 불청객이었고, 쇼펜하우어에게 어머니는 본질을 망각한 허영의 대표자였다.

그 둘의 싸움은 격렬하기보다는 냉랭했다. 말보다 침묵이 길었고, 화해보다 거리두기가 익숙했다. 요한나는 쇼펜하우어의 회의적 태도를 사사건건 비판했고, 쇼펜하우어는 어머니의 쾌활함을 피상적이라 여겼다. "당신은 나를 낳았지만, 나를 모른다"는 말이 그의 일기에 남아 있다. 그는 어머니를 통해 인간의 이중성을 배웠다. 웃으며 공격하고, 친절 뒤에 위계가 숨어 있으며, 대화는 욕망의 베일이라는 것을.

결정적인 다툼은 아버지의 유산 문제를 둘러싸고 벌어졌다. 쇼펜하우어는 자립적 철학의 길을 원했고, 어머니는 실속 없는 방황이라 여겼다. 아버지가 남긴 재산을 예술과 여행, 탐구에 썼던 쇼펜하우어에게 어머니는 '탕진하는 자식'이라는 낙인을 찍었다. 그는 결국 바이마르를 떠났고, 어머니는 그를 붙잡지 않았다. 그렇게 둘은 영영 결별했다. 혈연의 끈보다 철학의 고집이 더 강했다.

제스퍼는 이 단절을 단순한 가족 불화로 보지 않았다. 그것은 철학의 탄생 조건이었다. 어머니와의 싸움은 쇼펜하우어에게 인간관계 전체에 대한 불신으로 확장되었고, 인간의 감정은 언제나 자기 이익을 위한 위장이며, 대화란 의지와 권력의 교환이라는 냉소적 시선으로 이어졌다. 이 회의는 그를 삶 자체를 의심하는 철학자로 만들어갔다.

그러나 아이러니하게도 쇼펜하우어는 어머니의 살롱을 통해 세계를 처음 관찰했다. 그는 그 화려한 대화 속에서 허위와 기만, 위선과 과장이 어떻게 우아한 형식으로 포장되는지를 낱낱이 기억했다. 철학이란 바로 그 이면을 벗기는 작업이었다.

흥미로운 점은 그가 유일하게 존경하고 우정을 맺은 사람이 괴테였다는 것이다. 괴테는 요한나의 살롱에 자주 드나들었고, 젊은 쇼펜하우어에게도 깊은 인상을 주었다. 둘은 예술과 자연, 인식과 상징에 대해 긴 대화를 나눴고, 괴테는 쇼펜하우어의 예민함과 냉소에 감탄하기도 했다. 후일 『의지와 표상으로서의 세계』가 출간되었을 때, 괴테는 그 복잡한 체계를 끝까지 읽은 드문 인물 중 하나였다.

제스퍼는 훗날 쇼펜하우어가 쓴 『의지와 표상으로서의 세계』 초판본의 서문을 읽으며 고개를 끄덕였다. "철학은 고통으로부터 시작된다." 쇼펜하우어의 고통은 인정받지 못한 자식의 고통이었다. 자신의 내면을 알아봐주지 않는 어머니, 이해받지 못한 사유, 끝끝내 감정으로 연결되지 못한 관계. 그 모든 것들이 쇼펜하우어의 철학적 세계관에 불을 붙였다.

그는 인간을 사랑하지 않았다. 왜냐하면 그는 어머니에게 실망했기 때문이다. 그는 세상을 혐오했다. 왜냐하면 세상이 그의 어머니처럼 이중적이라고 느꼈기 때문이다. 어머니는 개인이었지만, 동시에 상징이었다. 쇼펜하우어의 철학은 어머니 요한나 쇼펜하우어라는 여성과의 싸움에서 시작되어, 인류 전체에 대한 분석으로 발전했다.

제스퍼는 마지막으로 바이마르의 그 방을 다시 떠올렸다. 화려한 살롱의 장식, 어머니 요한나의 카리스마, 그리고 그 모든 빛 아래 가려진 쇼펜하우어의 그림자. 그 그림자야말로 한 철학을 밀어 올린 암흑의 진원지였다. 어머니와의 싸움은 결코 사소한 것이 아니었다. 그것은 한 인간의 운명을 바꾼 조용한 폭발이었다.

Chapter 3

개와 함께 철학하는 남자

제스퍼는 인간의 어리석음을 탐지하는 데 익숙했다. 하지만 쇼펜하우어라는 인간은 다른 결로 생겨 먹은 존재였다. 세상을 그렇게 비관적으로 보면서도, 단 하나의 종에겐 경계를 허물었다. 개였다. 고양이인 제스퍼가 봐도 인정할 수밖에 없는 점이었다. 그는 고양이도 좋아했지만, 개에게는 한 단계 더 깊은 연민과 신뢰를 드러냈다. 마치 자신의 철학이 유일하게 이해받을 수 있는 대상이 개라고 믿는 사람처럼.

프랑크푸르트의 흐린 오후, 쇼펜하우어는 산책을 나섰다. 그의 오른손엔 오래된 가죽끈이 들려 있었고, 그 반대편에는 그의 충실한 벗 '아톰'이 있었다. 아톰은 작고 다부진 회색 푸들로, 이름만큼이나 침착하고 근엄한 기운을 풍겼다. 어떤 기록에는 그 이름이 '부처'라고도 전해지지만, 실은 쇼펜하우어가 아톰이라 부르며 '존재의 단위'로서 절제와 명료함의 상징처럼 여겼다는 이야기도 있다.

제스퍼는 담벼락 위에서 이 둘을 관찰했다. 인간과 개, 말없이 걷는 두 생명의 발걸음엔 이상하리만치 리듬이 있었다. 멈추고, 냄새 맡고, 다시 걷고, 나뭇잎이 흔들리는 소리에 함께 고개를 돌리는 식이었다. 그것은 대화였다. 언어가 없을 뿐.

쇼펜하우어는 아톰에게 자주 말을 걸었다.

"너는 사람보다 낫다. 너는 위선이 없고, 너는 거짓말을 하지 않지."

이런 말을 들을 때마다 아톰은 꼬리를 천천히 흔들었고, 제스퍼의 눈에는 마치 "그러게요. 인간이란 종은 좀 그래요"라고 동의하는 듯 보였다.

문제는 그다음이다. 어느 날 제스퍼가 쇼펜하우어의 책상 위에 올라와 창밖을 바라보고 있을 때, 아톰이 조용히 들어왔다. 제스퍼는 고개만 돌려 쳐다봤고, 아톰은 멈춰 서서 코를 킁킁거렸다. 기묘한 긴장감. 한참을 서로 바라보다가, 제스퍼는 눈을 감았고, 아톰은 쇼펜하우어 옆에 가만히 앉았다. 그날 이후 이 셋은 묘한 삼각 구도를 유지했다. 철학자와 개, 그리고 고양이.

쇼펜하우어는 그 둘을 두고 "내 철학의 두 가지 거울"이라 말했다. 아톰은 충성심과 정직한 본능을, 제스퍼는 고독과 사색을 대변했다. 이들은 철학자가 말하지 않은 것을 들었고, 써놓지 않은 문장을 가만히 감지해냈다.

그는 글에서도 종종 말했다. 개는 인간보다 더 도덕적이며, 더 신뢰할 수 있는 존재라고. 고양이 제스퍼조차도 그 점은 부정할 수 없었다. 물론 제스퍼는 좀 더 냉소적이고 계산적인 존재였지만, 개는 인간에게서 떨어져 나온 마지막 순수성의 파편 같았다. 쇼펜하우어는 그걸 알아봤다. 그리고 철학은 그 순수성을 지키기 위한 언어였는지도 모른다.

사람들은 그를 고독한 철학자라 불렀지만, 제스퍼는 알고 있었다. 그는 혼자가 아니었다. 그는 자신의 철학을 말없이 들어주는 청중을 곁에 두고 있었다. 인간은 그를 이해하지 못했고, 원하지도 않았다. 하지만 개는 판단하지 않았고, 그저 옆에 있어주었다. 그것이면 충분했다.

어느 날 아톰이 병에 걸려 잠시 걷지 못하던 시기가 있었다. 쇼펜하우어는 아톰을 천 조각에 싸서 품에 안고 마인 강변을 산책했다. 그 무게가 결코 가볍지 않았을 텐데도, 그는 아무 불평 없이 아톰과 걷기를 멈추지 않았다. 제스퍼는 멀찍이서 그 장면을 보며 생각했다. 이 인간은 철학을 머리로만 하는 게 아니다. 그는 철학을 다리로, 팔로, 그리고 팔꿈치의 관절로까지 실천하는 사람이었다.

산책이 끝나고 집으로 돌아온 그날, 쇼펜하우어는 책상에 앉아 아톰을 무릎에 올려놓고 제스퍼에게 말했다.

"네가 없었다면 나는 이 철학을 끝까지 써내지 못했을 거야."

제스퍼는 그 말이 자신에게도, 아톰에게도 동시에 향한 것임을 직감했다. 그는 부끄러운 듯 고개를 돌렸고, 아톰은 눈을 감았다.

그 남자, 쇼펜하우어는 개와 함께 철학했다. 그것은 이성의 대화가 아니라, 존재의 동조였다. 그리고 그것이야말로 가장 깊은 이해였는지도 모른다. 고통과 싸우는 자에겐 침묵으로 곁을 지키는 존재가 가장 필요한 법이다. 개는 그의 확신이었고, 고양이는 그의 질문이었다. 둘 다 없었다면 그 철학은 고립에 머물렀을 것이다. 그러나 그들과 함께였기에 쇼펜하우어의 철학은 살아 있었다. 지금도 조용히 울리는 사유처럼.

Chapter 4

헤겔이 싫어요, 그냥 싫어요

프랑크푸르트의 저녁이 내려앉을 무렵, 철학 탐정 고양이 제스퍼는 시간을 거슬러 1820년의 베를린으로 향했다. 그날의 임무는 단순했다. 쇼펜하우어는 왜 그렇게 헤겔을 싫어했는가? 하지만 제스퍼는 안다. 단순한 질문일수록 대답은 꼬인다. 그 뒤엔 반드시 감정, 자존심, 어쩌면 분노보다 더 끈질긴 자책 같은 게 숨어 있기 마련이다.

베를린 대학 강의동. 아침 공기에는 먼지와 함께 자존심이 떠다녔다. 한쪽 강의실에는 게오르크 빌헬름 프리드리히 헤겔. 철학계의 제왕, 교단 위의 제사장, 프로이센 국왕의 신뢰를 받으며 학문 권력의 정점에 오른 인물. 그 반대편, 조용한 강의실 구석에 이제 막 자리를 잡은 무명의 철학자, 아르투어 쇼펜하우어가 있었다. 학생 수? 헤겔은 200명. 쇼펜하우어는 다섯 명. 아니, 둘째 주부터는 한 명. 그조차 졸았다.

제스퍼는 쇼펜하우어의 강의실로 들어갔다. 그는 단상 위에 서서 칸트와 인도 철학, 플라톤의 이데아를 얽고 묶으며 불같은 목소리로 강의하고 있었다. 그런데 학생이 없었다. 말하자면, 그는 자신에게 강의하고 있었다. 자신만의 전쟁터에서, 자신만의 군중을 상상하며.

반면, 헤겔의 강의실은 마치 국가의 의전 행렬 같았다. 학생들은 필기를 하며 감탄했고, 헤겔은 추상과 개념의 미로를 마치 신의 언어인 듯 토해냈다. 그러나 제스퍼가 보기엔 그 말들 사이로는 안개가 흘렀다. 정확함보다 인상, 명료함보다 권위. 쇼펜하우어가 그것을 못 견뎠던 건 당연했다.

그는 어느 날 이렇게 말했다.

"헤겔은 갑오징어다. 먹물을 뿌려 자기 자신도 안 보인다."

제스퍼는 안다. 쇼펜하우어가 헤겔을 싫어했던 건 그의 추상 때문만이 아니었다. 그것은 철저한 '인정 투쟁'이었다. 그는 자신이 더 진실한 철학을 한다고 믿었고, 더 깊은 고통에서 출발했다고 자부했다. 그는 칸트를 계승했다고 확신했고, 헤겔 따위의 추상적 유희는 철학이 아니라 껍질에 불과하다고 생각했다. 그러나 세상은 그것을 원치 않았다. 세상은 헤겔의 언어를 소비했고, 헤겔은 국왕과 교단에 환대받았다. 쇼펜하우어는 버려졌다. 아니, 무시되었다.

무시보다 더 잔인한 폭력은 없다. 그것은 존재 자체를 부정하는 침묵이기 때문이다.

제스퍼는 쇼펜하우어가 강의계획서를 내며 적었던 문장을 발견했다.

"철학의 전체, 즉 세계와 인간 정신의 본질에 관한 이론."

이 야심 찬 문장은 곧 좌절의 문장으로 바뀌었다. 수강자 0명. 그는 분노했고, 낙담했으며, 다시는 강의실에 서지 않았다. 이후 그의 철학은 더욱 내면으로 침잠해 들어갔다. 그는 책상과 고양이와 개, 그리고 음악 속에서 철학을 조용히 갈고 닦았다.

그가 교류한 철학자들이 전혀 없었던 것은 아니었다. 그는 프리드리히 마이어, 요한 고틀리프 피히테, 요한 폴 리히터 같은 동시대 사상가들과 짧게 교유했으며, 괴테와의 인연은 그나마 가장 의미 있었다. 젊은 시절의 쇼펜하우어는 괴테의 자연 철학에 깊은 인상을 받았고, 둘은 '색채론'을 두고 열띤 토론을 벌이기도 했다. 그러나 그러한 인연들도 쇼펜하우어의 성격, 즉 타협하지 않는 태도와 결합되며 대부분 지리멸렬하게 끝났다. 그는 점점 고독해졌지만 동시에 그 고독 속에서 더욱 유유자적해졌다.

그의 철학은 그 이후부터 더 단단해졌다. 그는 헤겔을 조롱했지만, 동시에 그 자리에 오르지 못한 자신을 견뎌야 했다. 그의 비관은 단순한 세계관이 아니라 그가 세계로부터 받은 냉대를 반사한 것이었다.

그리고 제스퍼는 이해했다. 쇼펜하우어는 헤겔이 싫었던 게 아니다. 헤겔이 가진 '위치'가 싫었던 것이다. 인정받지 못한 진실은 쉽게 독이 된다. 그리고 그 독은 철학을 만들기도 한다. 쇼펜하우어의 경우가 그랬다.

그래서 그는 끝까지 헤겔을 조롱했다. 『의지와 표상으로서의 세계』 후기에 그는 "헤겔은 국가와 교회의 공모로 등장한 어용 철학자"라고 단언했다. 그러나 그 조롱 속엔 외침이 있었다. "나는 여기 있다. 아무도 날 보지 않아도 나는 있다." 그리고 제스퍼는 그 고집을 존중했다. 그것은 철학자가 가질 수 있는 가장 인간적인 감정이었다.

말년의 쇼펜하우어는 그렇게 말없이 살았다. 강의도 없고, 교단도 없고, 제자도 없었다. 그러나 그는 산책을 했고, 음악을 들었고, 철학을 썼다. 개와 고양이, 몇 권의 책, 그리고 간간이 오는 젊은 독자들의 편지. 그것이면 충분했다. 그는 세상이 자기 말을 못 알아들어도 괜찮다고 믿었다. 중요한 건 자신이 그것을 알고 있다는 사실이었다.

Chapter 5

괴테는 그를 좋아했을까?

바이마르의 늦은 봄. 살짝 바람이 도는 오후, 철학 탐정 고양이 제스퍼는 요한나 쇼펜하우어의 문학 살롱 한복판에 앉아 있었다. 의자 밑, 찻잔 옆, 실크 드레스 자락 사이를 오가며 그는 귀를 세웠다. 오늘의 관찰 대상은 청년 아르투어 쇼펜하우어 그리고 그가 맞닥뜨릴 한 남자. 당대 최고의 문인이자 괴물 같은 권위, 요한 볼프강 폰 괴테였다.

요한나는 오늘을 기다려 왔다. 자신의 아들을 드디어 괴테에게 보여줄 수 있는 날. 젊고 천재적이며 다소 건방진 아들은 이제 막 『충분한 근거율의 네 겹의 뿌리에 대하여』라는 철학적 논문을 발표한 참이었다. 요한나는 그 책을 괴테의 손에 쥐여주며 말했다.

"이 아이, 제법 생각이 깊어요. 아버지를 닮았죠."

괴테는 미소 지었지만, 눈빛은 무심했다. 그는 책을 펼치고는 몇 장을 넘기더니 말했다.

"근거율이라… 흥미롭군요. 특히 네 겹이라는 구분."

제스퍼는 그 순간 쇼펜하우어의 눈이 반짝이는 것을 보았다. 칭찬은 아니었지만, 무시도 아니었다. 괴테는 질문을 던졌다.

"선생님은 색채에 대한 이론을 가지고 계시죠. 제 생각엔 그것이 바로 감각을 통해 세계를 해석하려는 시도라고 봅니다."

괴테의 눈썹이 미세하게 움직였다. 이 젊은이는 단순한 칭찬이 아니라 대화를 요구하고 있었다.

그날 밤 요한나의 살롱에서 드물게 조용한 구석이 생겼다. 괴테와 쇼펜하우어, 그리고 그 옆의 조용한 고양이 하나. 제스퍼는 숨을 죽이고 두 사람의 대화를 들었다. 괴테는 자신의 『색채론』에서 뉴턴의 기계적 광학을 비판하고, 색을 감각과 주관의 현상으로 보았다. 쇼펜하우어는 이에 동의하면서도, "감각 이전에 의지가 있다"는 논리를 꺼냈다.

"우리는 세계를 인식하기 전에, 먼저 그 세계를 욕망합니다."

괴테는 잠시 침묵했다. 그 말은 단순한 관찰이 아니라 철학적 선언이었다. 그는 고개를 끄덕였다. "그렇다면 철학은 과학보다 앞선 해석일지도 모르겠군요." 청년 쇼펜하우어는 미소 지었다. 제스퍼는 그 미소가 어머니 앞에서는 한 번도 본 적 없는 얼굴이라는 걸 알아챘다.

그 만남은 오래 지속되지 않았지만, 쉽게 끝나지도 않았다. 몇 주 뒤 쇼펜하우어는 자신만의 색채 이론을 간단히 정리한 노트를 작성

해 괴테에게 보냈다. 그 글에는 감각과 의지, 주관과 세계 사이의 관계에 대한 명쾌한 통찰이 담겨 있었다. 괴테는 그 글을 받고, 짧은 편지를 보냈다.

"그대의 시선은 날카롭고, 철학은 진지하오. 내 작품을 그렇게 성실하게 읽은 이가 있었던가?"

칭찬이었다. 괴테가 청년에게 보내는, 격을 갖춘 지적 존중의 표현이었다.

제스퍼는 그 편지를 받아 든 쇼펜하우어가 조용히 미소 짓는 것을 목격했다. 그것은 인정받았다는 기쁨이었고, 동료로서 받아들여졌다는 안도였다. 물론 쇼펜하우어는 곧 다시 고요해졌고, 곧 다시 세상 전체를 의심하기 시작했다. 그러나 괴테와의 우정은 생각보다 오래 남았다. 쇼펜하우어는 괴테의 문학과 과학, 철학을 존중했고, 괴테는 쇼펜하우어의 비관적 통찰 속에서 독특한 진실의 뉘앙스를 감지했다.

그들은 몇 차례 더 만났다. 바이마르의 정원에서, 그리고 이탈리아 여행에 대한 담화 중에. 그 만남들은 화려하진 않았지만 깊었다. 서로가 서로의 영역을 침범하지 않았고, 동의하지 않아도 경청했다. 괴테는 쇼펜하우어를 "매우 민감하고 고통스러운 영혼을 가진 철학자"라고 평했고, 쇼펜하우어는 괴테를 "형이상학을 가지지 않은, 그러나 감각에 탁월한 시인"이라 불렀다.

그러나 모든 교류가 그렇듯, 감탄은 늘 거리와 함께 온다. 괴테는 쇼펜하우어를 흥미롭다고 여겼지만, 그의 철학을 자신의 정신적 후계로 받아들이진 않았다. 그는 쇼펜하우어가 너무 일찍 단정하고, 너무 쉽게 절망한다고 느꼈다. 쇼펜하우어는 괴테가 너무 아름다움에 기대고 고통을 경시한다고 판단했다.

그들은 서로를 이해했다. 그러나 서로를 선택하진 않았다.

몇 달 후, 쇼펜하우어는 『의지와 표상으로서의 세계』를 집필하기 시작하며, 문장 곳곳에 괴테에게서 받은 자극을 숨겨 두었다. 명시는 없었지만, 제스퍼는 알고 있었다. 그 책 속 어딘가에, 그 봄날 밤 괴테와 나눈 대화의 흔적이 있었음을.

괴테는 그를 좋아했을까? 제스퍼의 관찰에 따르면 좋아했다. 그러나 아버지가 아들을 좋아하듯, 혹은 제자가 스승을 동경하듯, 그런 종류의 애정은 아니었다. 그것은 일시적인 흥미, 지적 자극에 대한 긍정, 그러나 관계로 발전하지는 못한 감정이었다.

그래도 쇼펜하우어는 그날 밤을 기억했을 것이다. 세계가 처음으로 자신을 바라본 밤. 그리고 그 시선의 온도. 그것이면 철학자에게는 충분하다.

PART 2

세계는 내 머릿속에 있다

PART 2는 쇼펜하우어의 대표적 인식론이자 형이상학적 전제인 "세계는 나의 표상이다"라는 개념을 중심으로 전개된다. 세계는 객관적 실재가 아니라 주관적 표상이며, 인식의 구조가 곧 세계의 구조라는 파격적 명제가 이야기의 중심축이다. 제스퍼는 인간과 고양이의 감각 차이를 통해 인식과 세계 사이의 연결 고리를 실험하고, 쇼펜하우어가 플라톤, 칸트, 동양 사상에서 무엇을 흡수하고 어떻게 새롭게 구성했는지를 추적한다.

Chapter 6

표상이란 도대체 뭘까?

철학 탐정 제스퍼는 자신도 모르게 헛웃음을 흘렸다. 인간들은 종종 이런 질문을 한다.

"세계는 진짜인가요?" 그 물음은 마치 고양이에게 "사료가 더 맛있니, 참치가 더 맛있니?" 묻는 것과 비슷하다. 둘 다 진짜다. 하지만 먹는 주체에 따라 느낌이 다를 뿐이다. 쇼펜하우어는 이걸 '표상'이라고 불렀다.

제스퍼는 이번 임무를 위해 1814년, 드레스덴 근처의 조용한 시골 저택으로 향했다. 쇼펜하우어가 『의지와 표상으로서의 세계』의 초고를 집필하던 시기. 그는 늘 창밖을 응시했다. 하지만 그 눈은 바깥을 보는 게 아니라, 자신 안쪽을 관통하고 있었다. 제스퍼는 그의 책상 위에 올라 그의 어깨를 넘겨 노트를 훔쳐보았다. 거기엔 이런 문장이 쓰여 있었다.

"세계는 나의 표상이다."

그 문장을 보고 제스퍼는 곧장 시간의 지평을 넘었다. 그는 1905

년의 비엔나로 간다. 목적지는 지크문트 프로이트. 쇼펜하우어 사후 수십 년, 무의식이라는 말이 처음 제도권에 등장한 시기. 프로이트는 상담실에서 환자와 대화를 나누고 있었고, 제스퍼는 그 광경을 지켜보며 깨달았다. 쇼펜하우어의 '표상' 개념은 이 무의식과 닮아 있었다. 사람은 인식한다고 믿지만, 실제로는 감지된 감각을 무의식이 필터링해 해석한다. 세계는 거기에 있는 게 아니라, 안에서 재구성된다.

제스퍼는 다시 2020년의 뉴욕 지하철로 향한다. 스마트폰을 쥐고 있는 수많은 인간들. 그들은 각자 다른 알고리즘과 피드 속에서 자신만의 세계를 살아간다. 같은 뉴스를 보지만 전혀 다른 분노와 환희를 경험하고, 같은 사건을 두고 서로를 미워한다. 제스퍼는 이 장면을 보며 생각했다. 쇼펜하우어는 이걸 예고했다. 우리는 세계를 직접 경험하는 게 아니라, 뇌와 감각을 통해 '표상'으로 경험한다는 것. 세계는 거기에 있지만, 우리가 만나는 세계는 오직 내 안에 있다.

그리고 제스퍼는 1885년 스위스로 이동한다. 젊은 니체가 『차라투스트라는 이렇게 말했다』의 구상을 위해 고독한 산장을 떠돌던 시절. 제스퍼는 언덕 위에서 니체가 중얼대는 말을 들었다. "우리는 사물 그 자체를 모른다. 오직 해석만을 알 뿐이다." 니체의 말은 쇼펜하우어의 표상론을 되새긴 것이었다. 그는 쇼펜하우어의 철학을 부정하면서도 가장 깊이 들여다보았다. 표상을 넘어서려 했던 철학자는 사실, 표상 위에 서 있었다.

　잠시 뒤 제스퍼는 1930년 런던으로 향했다. 조지 버나드 쇼가 『인간과 초인』의 초고를 수정하던 순간이었다. 그는 자신이 그리는 인간상이 표상이 아니라, 그를 둘러싼 사회적 상징의 총합이라는 사실을 직감하고 있었다. "나는 인간을 쓰지 않는다. 인간이 상상하는 인간을 쓴다." 그 말 속엔 쇼펜하우어의 그림자가 드리워져 있었다. 인식이란 현실이 아니라, 현실의 연극이다.

　제스퍼는 마지막으로 다시 드레스덴으로 돌아왔다. 그는 쇼펜하우어에게 다가가 물었다.

　"그렇다면 우리가 보는 건 전부 거짓인가요?"

　쇼펜하우어는 고개를 저었다.

　"거짓이 아니야. 다만, 그것은 사물 자체가 아니라 내 의식이 받아들인 방식일 뿐이지."

　그는 덧붙였다.

　"네가 나를 본다는 건, 너의 시각적 구조 속에 내가 들어간다는 뜻이야. 그리고 그건 너만의 쇼펜하우어일 거야. 고양이의 쇼펜하우어."

　그 말에 제스퍼는 꼬리를 흔들었다. 어쩌면 그것이 진실일지도 몰랐다. 표상이란, 세상을 본다는 착각 위에 세워진 유일한 창이었다. 각자 자기만의 필터, 자기만의 통역기, 자기만의 거울로 세계를 보는 것.

제스퍼는 이렇게 정리했다.

"세계는 고정되어 있지 않다. 누구에게나 다르게 비치고, 누구에게나 다른 방식으로 상처를 준다. 그래서 모든 고통은 독특하고, 모든 구원도 개인적이다."

그것이 쇼펜하우어가 말한 '표상'의 철학이었다. 세계는 하나가 아니라, 살아 있는 존재의 수만큼 존재한다. 그리고 고양이에게 보이는 세상은 언제나 인간보다 조금 더 정확하다.

Chapter 7

세상을 바라보는 네 개의 안경

제스퍼는 고양이다. 하지만 단순한 고양이가 아니다. 철학을 탐색하고, 시간을 넘으며, 인간보다 더 인간을 이해하려는 존재. 그가 이번에 쥔 단서는 쇼펜하우어가 말한 '충분한 근거율의 네 겹의 뿌리'였다. 세계를 인식하기 위한 네 가지 안경. 이 안경들은 인간이 세상을 이해하고, 움직이며, 의미를 부여할 수 있는 네 개의 창이었다.

제스퍼는 조용히 단치히로 향했다. 젊은 쇼펜하우어가 막 철학자의 길을 걷기 시작하던 무렵, 그는 책상에 앉아 집중하고 있었다. 원고는 『충분한 근거율에 대한 네 겹의 뿌리에 대하여』. 제스퍼는 그의 옆에 앉아 그가 그리는 사고의 지도를 함께 훑어봤다. 쇼펜하우어는 말없이 글을 쓰면서, 마음속에서 이렇게 정리하고 있었다.

"첫째, 사물의 변화에는 원인이 있다. 이것이 '원인의 법칙'이다."
제스퍼는 17세기 갈릴레오의 실험실로 순간이동했다. 물체는 떨어지고, 진자는 흔들리며, 숫자가 움직임을 설명했다. 인간은 자연을 이해하기 위해 '왜'라는 질문을 던졌고, 그에 '원인'으로 답했다. 이 첫 번째 안경은 과학자와 기술자의 눈이었다. 그들은 세상을 '움직임과 힘'으로 해석했다.

"둘째, 우리의 인식은 시간과 공간이라는 형식 안에 있다."

제스퍼는 칸트의 방으로 향했다. 노老철학자는 창밖을 보지도 않고, 책상 앞에 앉아 '선험적 직관'을 고민하고 있었다. 시간과 공간은 인간의 내부 틀이라는 주장. 인간은 사물을 있는 그대로 보는 것이 아니라, 자신만의 렌즈를 통해 본다. 두 번째 안경은 '인식의 구조'였다. 이것이 없으면 우리는 어떤 것도 경험할 수 없다.

"셋째, 개념과 판단, 이성의 법칙."

이번에는 데카르트의 서재로 이동한다. "나는 생각한다, 고로 존재한다." 제스퍼는 가만히 그의 어깨에 앉는다. 이성은 분류하고, 비교하며, 논리를 구축한다. 철학자, 수학자, 법률가의 안경이다. 인간은 이성으로 질서를 부여하고, 세계를 카테고리로 나눈다. 이 세 번째 안경은 인간의 추론 능력 그 자체였다.

"넷째, 동기의 법칙. 인간은 욕망에 의해 움직인다."

제스퍼는 마지막으로 톨스토이의 어느 소설 장면 속으로 들어간다. 한 귀족이 이유 없이 불행하고, 또 다른 이는 이유 없이 결혼한다. 이유는 하나, 그들은 '원해서' 그렇게 행동했다. 동기는 감정과 의지에서 비롯된다. 이 네 번째 안경은 인간의 실존과 가까운 안경이다. 우리는 항상 어떤 이유로 행동한다. 그러나 그 이유는 때때로 비논리적이고 비합리적이다. 바로 거기에 인간의 진짜 얼굴이 있다.

쇼펜하우어는 이 네 안경이 함께 작동한다고 믿었다. 인간은 이성으로 분류하고, 감각으로 경험하며, 원인을 찾고, 의지로 움직인다. 제스퍼는 그것이 고양이의 감각과도 닮아 있다고 느꼈다. 고양이도 본다. 듣고, 냄새 맡고, 상황을 파악하고, 때로는 이해할 수 없는 감정으로 움직인다.

제스퍼는 깨달았다. 철학이란, 인간이 자기 안경의 존재를 깨닫는 일이다. 안경을 벗을 수는 없다. 하지만 적어도 그것을 알고 있을 때, 우리는 '내가 보는 세계가 전부가 아니다'라는 자각을 시작할 수 있다.

그리고 그 자각에서 비로소 철학은 탄생한다. 쇼펜하우어가 말한 네 개의 안경은 세상을 해석하는 틀일뿐만 아니라, 동시에 인간이 얼마나 제한된 존재인지를 알려주는 거울이기도 했다. 제스퍼는 그렇게 네 개의 안경을 하나씩 벗기는 일을 시작했다. 그것은 세계를 더 잘 보기 위한 일이 아니라, '자신이 무엇을 보지 못하는가'를 아는 일이었다.

『충분한 근거율에 대한 네 겹의 뿌리에 대하여』 요약 해설

저자: 아르투어 쇼펜하우어

초판 발행: 1813년

주제: 인간이 세계를 인식하고 이해하는 방식은 네 가지 '근거율'에 따라 움직인다는 이론

핵심 개념: '근거율'(Grundsatz des zureichenden Grundes)
"아무 일도 이유 없이 일어나지 않는다."

쇼펜하우어는 인간이 세계를 이해할 수 있는 이유는 모든 것이 '근거'를 가지기 때문이라고 보았다. 그런데 이 근거에는 종류가 네 가지가 있다는 게 그의 핵심 주장이다.

■ 네 겹의 뿌리 (Vierfache Wurzel)

1. 변화의 근거율

대상: 자연현상

내용: 어떤 일이 일어나면, 반드시 그 원인이 있다 (예: 불이 난 건 성냥을 켰기 때문)

대표 학문: 자연과학, 물리학

키워드: 원인과 결과, 인과율(Causality)

2. 인식의 근거율

대상: 인식 구조 자체

내용: 우리는 시간과 공간이라는 형식 안에서 세상을 본다

대표 학문: 칸트적 인식론

키워드: 선험적 감성, 주관적 틀, 조건화된 지각

3. 논리의 근거율

대상: 사고, 판단, 논리

내용: 판단이 진리이기 위해선 논리적 근거가 있어야 한다 (예: A는 B 이다 → 그 이유는 C 때문이다)

대표 학문: 수학, 논리학, 철학

키워드: 추론, 개념의 구조, 참과 거짓

4. 행동의 근거율

대상: 의지, 행동, 인간 행위

내용: 인간은 동기(motive)에 따라 행동한다

대표 영역: 심리학, 윤리학

키워드: 욕망, 충동, 목적 지향성

■ 왜 중요한가?

이 이론은 쇼펜하우어의 후속 저작, 특히 『의지와 표상으로서의 세계』로 이어지는 기초를 이룬다.

세계를 '표상'으로 보는 관점(2번)과 '의지'로 보는 관점(4번)의 대비는, 그의 철학 전체의 구조를 설명하는 열쇠다.

네 가지 근거율을 구분함으로써, 인간 인식의 방식이 얼마나 복잡하고 다양한지를 드러낸다. 이로써 '우리가 아는 세계'는 절대적인 것이 아니라 조건적이라는 것을 말한다.

■ 제스퍼 식 요약

"인간은 네 개의 안경을 끼고 세상을 본다.

하나는 자연을, 하나는 머릿속을, 하나는 말의 논리를, 하나는 자기 욕망을 비춘다.

그리고 그걸 모두 착각하지 않으려는 노력, 그게 철학이다."

Chapter 8

감각과 지각의 덫

그날 밤 제스퍼는 프랑크푸르트의 골목을 조용히 걷고 있었다. 새벽은 아직 멀었고, 인간들은 대부분 잠들어 있었다. 하지만 그는 알고 있었다. 저 창문 너머 누군가는 깨어 있고, 지금도 사유하고 있다는 것을. 그는 발끝으로 시간을 거슬러 쇼펜하우어의 서재로 조용히 들어섰다.

불 꺼진 방 안에서 오직 촛불 하나가 책상 위에서 흔들리고 있었다. 그 앞에 앉은 노철학자는 자, 종이, 깃펜, 그리고 끊임없이 교차하는 생각들과 함께 있었다. 제스퍼는 책장 위에 살며시 몸을 누이고, 조용히 내려다보았다. 그리고 입을 열었다. 이번에는 정식으로. 본격적인 대화를 위해.

"쇼펜하우어 선생, 우리는 과연 세계를 있는 그대로 보고 있을까요?"

그는 멈칫했다. 잠시 펜 끝을 내려놓고, 고개를 들어 고양이를 바라봤다. 놀라움보다는 흥미가 먼저였다. 이미 몇 번 그 고양이를 본 적이 있고, 이제는 그의 존재를 의심하지 않았다. 쇼펜하우어는 미소도 경계도 없이 말했다.

"아니, 우리는 결코 사물을 있는 그대로 보지 못해. 우리가 보는 모든 것은 감각을 통과한 '표상'일 뿐이지."

"그럼, 이 탁자는 진짜가 아닌가요?" 제스퍼가 앞발로 탁자 위를 툭툭 건드렸다.

"너는 진동을 느꼈고, 감촉을 감지했겠지. 하지만 그건 '탁자 그 자체'가 아니라, 너의 신경 체계가 해석한 결과야. 너는 네 신체 구조가 허용하는 만큼만 세계를 안다. 인간도 마찬가지지."

쇼펜하우어는 자리에서 일어나 창문을 열었다. 차가운 밤공기가 흘러들었다. 그는 손가락으로 하늘의 별을 가리켰다.

"저 별빛은 수천 년 전에 출발한 빛이야. 지금 우리가 보는 건 과거다. 게다가 그 빛조차도 우리 눈의 구조, 망막과 시신경, 뇌의 해석을 거쳐야만 인식되지. 감각은 통로가 아니라 필터야."

"그렇다면" 제스퍼는 조용히 말했다.

"우리는 우리가 보고 싶은 것만 보는 걸까요?"

"정확히는 '볼 수 있는 것만' 보지. 그리고 그조차 우리가 구성한 틀 안에서만."

쇼펜하우어는 다시 책상으로 돌아와 노트를 펼쳤다.

"감각은 단독으로 존재하지 않아. 지각은 항상 해석과 함께 오지. 예를 들어, 네가 어떤 낯선 생선을 봤다고 치자. 너는 그걸 처음 본다

해도 그 냄새와 모양, 움직임에서 본능적으로 '먹을 수 있는가, 아닌 가'를 판단할 거야. 그것이 지각의 첫 번째 기능이자 함정이지."

제스퍼는 생각에 잠겼다. 자신이 매일 거리에서 마주치는 세계. 지나치는 자동차, 인간의 발소리, 다른 고양이의 시선. 그는 그것들을 감각하고 있지만, 동시에 거르고 있었음을 인정하지 않을 수 없었다. 그것은 자신만의 생존 필터였다.

"그럼 인간은요?"

쇼펜하우어는 고개를 끄덕이며 말했다.

"인간은 감각을 논리로 옮기고, 논리를 개념으로 바꾸고, 개념을 다시 언어로 싸매지. 그렇게 해서 세계를 '이해했다'고 믿는 거야. 하지만 그 모든 과정은 '사물 자체'에서 점점 멀어지는 과정이지."

그는 칸트의 말을 인용했다. "우리는 '물자체'를 알 수 없다. 우리가 아는 것은 모두 '현상'일 뿐이다."

"그렇다면, 세계는 존재하지 않는 겁니까?"

쇼펜하우어는 빙그레 웃었다. "세계는 존재해. 하지만 그것은 너와 내가 구성한 방식으로만 존재할 뿐이지. 다시 말해, 이 세계는 동시에 여러 개야. 고양이의 세계, 인간의 세계, 개미의 세계, 박쥐의 세계. 그들 모두 같은 장소에 있지만, 전혀 다른 현실을 산다."

제스퍼는 고개를 돌려 창밖을 봤다. 어둠은 같았지만, 각자의 눈에 비치는 빛은 달랐다. 그건 무서운 말이었다. 동시에 위안이 되기도 했다. 모든 존재가 자기만의 방식으로 세계를 꾸리고 있다는 것. 그것은 외로움이 아니라 다양함이었다.

"그러면 철학은 뭔가요?"

쇼펜하우어는 펜을 들어 새로운 페이지를 열었다.

"철학은 감각의 덫을 자각하는 일이다. 눈앞에 있는 것이 전부가 아니라는 사실을 반복적으로 떠올리는 것. 그리고 그 덫 바깥을 상상하고, 그 경계를 의심하는 것. 그것이 철학의 출발이지."

제스퍼는 그 말을 조용히 되뇌었다. 감각은 덫이다. 그리고 지각은 그 덫을 장식하는 포장지.

쇼펜하우어는 마지막으로 덧붙였다. "그래서 나는 음악을 듣고, 플루트를 불지. 거기엔 개념이 없다. 소리는 감각이지만, 그 감각은 의지를 멈추게도 해. 잠시나마 덫에서 벗어날 수 있는 예외적인 순간이지."

그날 밤 제스퍼는 쇼펜하우어의 무릎 근처에 조용히 몸을 웅크렸다. 그들의 대화는 끝났지만, 침묵 속에서 더 깊은 사유가 이어졌다. 감각과 지각, 그것은 세계를 보여주는 문이자 동시에 우리를 가두는 벽이었다.

하지만 자각하는 자만이 그 벽에 균열을 낼 수 있다. 고양이도, 철학자도, 그리고 그 둘이 함께일 때 더욱.

그날 밤 이후, 제스퍼는 세상을 더 천천히 바라보기로 했다. 무엇이 진짜인지보다, 내가 왜 그렇게 느끼는지를 먼저 묻기 위해서였다.

Chapter 9

나는 생각한다, 고로 착각한다?

철학 탐정 제스퍼는 데카르트라는 이름을 들으면 털이 살짝 곤두섰다. "나는 생각한다, 고로 존재한다." 깔끔하고 멋진 문장이지만, 어딘가 고양이의 직관으로는 납득이 가지 않았다. 생각하지 않아도 존재하는 것들이 이 세상엔 너무 많았고, 존재 자체가 곧 고통인 이들도 많았다.

그는 이 질문을 들고, 프랑크푸르트의 쇼펜하우어 서재로 향했다. 쇼펜하우어는 책상에 앉아 새로 쓴 글을 검토하고 있었다. 제스퍼가 조용히 침대 위로 뛰어오르자, 그가 고개를 들었다.

"또 왔군, 제스퍼. 오늘은 어떤 질문이지?"

"나는 생각한다, 고로 존재한다는 말이 있죠. 그런데 혹시 그건 착각일 수도 있지 않을까요? 생각 자체가 진실이 아닐 수도 있으니까요."

쇼펜하우어는 웃음을 참았다. 고양이 치고 너무 철학적이라는 듯한 표정이었다. 그는 펜을 내려놓고 말했다.

"좋은 질문이야. 데카르트는 모든 것을 의심한 끝에 생각만은 의심할 수 없다고 했지. 그 생각하는 '나'는 존재한다고 결론지었고. 하지만 그가 간과한 것이 있어. 생각은 의식의 표면이야. 그 아래엔 더 깊고, 더 어두운 것이 있지. 바로 의지야."

제스퍼는 꼬리를 흔들었다. 그 단어는 이제 꽤 익숙했다. 의지. 쇼펜하우어 철학의 심장.

"나는 생각한다, 고로 존재한다. 이건 의식을 기준으로 삼은 진술이야. 하지만 의식은 전체의 아주 일부일 뿐이지. 우리가 진짜로 존재하는 이유는 생각해서가 아니라, '원하기' 때문이야. 우리는 태어나자마자 무언가를 원하지. 숨 쉬고, 먹고, 따뜻함을 찾고, 고통을 피하고. 그 모든 건 생각이 아니라 본능, 충동, 의지야."

"그렇다면 인간은 착각하고 있는 건가요? 자신이 생각 때문에 존재한다고?"

쇼펜하우어는 창밖을 바라보았다. 거리의 가로등 불빛이 가을 안개를 가르며 퍼지고 있었다.

"맞아. 대부분의 인간은 자기 생각이 자기라고 믿어. 하지만 생각은 끊임없이 떠오르고 사라지지. 고양이도 마찬가지일 거야. 네가 물끄러미 바닥을 응시할 때, 넌 생각 중이 아니야. 하지만 넌 여전히 존재하지. 오히려 그 고요 속에 진짜 네가 있는 거지."

제스퍼는 천천히 눈을 감았다. 그 말은 어딘가 위로처럼 느껴졌다.

쇼펜하우어는 다시 말을 이었다.

"그리고 생각은 대부분 자신을 정당화하는 데 쓰여. 이성은 의지의 하녀라고 했던가. 네가 무언가를 원해. 그러면 생각은 그것을 합리화하지. 사랑도, 분노도, 탐욕도. 마치 이성적 결론인 것처럼 위장하는 거야. 그래서 생각은'착각의 도구가 되지."

제스퍼는 인간들이 끊임없이 자신이 옳다고 주장하고, 모든 상황을 설명하려 드는 이유를 조금은 이해할 수 있을 것 같았다. 그들은 자기 생각을 진실이라 믿었고, 그 생각으로 자신을 보호했다.

"하지만 생각을 멈출 수는 없잖아요."

"멈출 수 없지. 하지만 거리를 둘 순 있어. 그것이 철학이고, 예술이고, 고양이다."

쇼펜하우어는 마지막 말을 하며 제스퍼를 향해 가볍게 고개를 숙였다.

그날 밤 제스퍼는 인간들이 생각에 집착하는 이유를 어렴풋이 알 것 같았다. 그것은 존재에 대한 공포를 덮기 위한 얇은 이불 같은 것이었다. 그들은 생각을 멈추면, 자신이 사라질까 봐 두려운 것이다.

하지만 쇼펜하우어는 그 두려움을 통과한 사람이었다. 그는 생각보다 깊은 곳에 있는, 말로 할 수 없는 층위—의지의 어둠을 보고 말았다. 그래서 그의 철학은 밝지 않았지만, 대신 정직했다.

"나는 생각한다, 고로 착각한다."

제스퍼는 그 문장을 서재의 천장에 떠올리며 잠들었다. 그날 밤 꿈은 없었다. 하지만 그 고요 속에 진짜 무언가가 있었다.

Chapter 10

칸트를 이기고 싶었던 이유

철학 탐정 제스퍼는 시간 여행을 수없이 했지만, 1800년대 초반 쾨니히스베르크에 도착했을 때만큼 긴장했던 적은 없었다. 이마누엘 칸트. 그 이름 앞에서는 심지어 고양이도 꼬리를 낮춘다. 그는 규칙적인 산책으로 시간표를 맞췄고, 논리의 구조로 세계를 재단했으며, 철학을 철저한 설계도로 바꾼 사내였다.

하지만 이번 챕터의 주인공은 칸트가 아니었다. 그의 뒤를 따르며 동시에 넘어서고 싶었던 사내—아르투어 쇼펜하우어였다.

제스퍼는 프랑크푸르트의 서재로 다시 돌아왔다. 쇼펜하우어는 칸트의 『순수이성비판』을 펼쳐놓고, 그 위에 자신만의 메모를 덧붙이고 있었다. 제스퍼는 책장 위에 앉아, 쇼펜하우어의 눈빛을 관찰했다. 그것은 존경과 경쟁심이 얽힌 복잡한 감정의 빛이었다.

"칸트는 내 사유의 어머니요, 내가 싸워야 할 아버지야." 쇼펜하우어는 중얼거렸다.

쇼펜하우어는 칸트를 단순한 지적 대상이 아닌, 일생의 기준점으로 삼았다. 그는 칸트의 인식론을 사숙했고, 감성·지성·이성의 구조와 시간·공간이라는 선험 형식을 철저히 분석하며 체화했다. 그러나 그는 결코 그에 안주하지 않았다. 칸트는 '우리는 물자체(Ding an sich)를 알 수 없다'고 말했지만, 쇼펜하우어는 거기서 멈추지 않았다.

"그렇다면 물자체는 무엇인가? 나는 그것을 '의지'라 부르겠다."

그에게 물자체란 단순히 알 수 없는 '외부'가 아니었다. 그것은 바로 우리 안에서 움직이고 욕망하며, 끊임없이 충동을 일으키는 근본 동력—'의지'였다. 그는 칸트가 미지로 남겨둔 영역을 단숨에 점거하며 자신의 철학을 밀고 나갔다. 칸트가 보여준 인식의 한계를 실존의 고통으로 뚫고 나간 것이다.

그는 또한 플라톤을 사숙했다. 플라톤의 이데아, 즉 감각 너머의 영원하고 완전한 형상에 매료되었고, 『국가』와 『파이드로스』를 반복해 읽으며 이념의 세계를 존중했다. 하지만 그는 거기서도 머물지 않았다. 그는 이데아가 단지 형상에 머무르는 것이 아니라, 형상 뒤에서 그것을 욕망하게 만드는 힘—다시 말해, '의지'에 의해 규정된다고 보았다.

"형상이란 의지의 그림자에 불과하다."

쇼펜하우어는 인간을 단순히 '이성적 동물'로 보지 않았다. 그는 인간을 '의지하는 동물', '욕망하는 동물'이라 정의했다. 우리가 세계를 인식하는 것도, 논리적으로 분해하는 것도, 결국은 어떤 욕망이 동기가 되었기 때문이라고 보았다. 인식은 중립적이지 않다. 인식은 욕망의 조각이며, 철학은 그 욕망을 의심하는 기술이다.

제스퍼는 조용히 말했다.

"그럼에도 불구하고 당신은 칸트를 존경하죠."

쇼펜하우어는 고개를 끄덕였다.

"그는 인간의 교만을 꺾은 철학자야. 우리가 진리를 전부 가졌다고 착각하는 오만을 무너뜨렸지. 나는 그 잔해 위에 내 철학을 지었다. 칸트 없이는 나도 없었을 거야."

"하지만 당신은 그를 이기고 싶었어요."

"그렇다. 모든 아들은 언젠가 아버지를 넘어서야 하니까."

그 말에 제스퍼는 미묘한 웃음을 지었다. 철학자도 결국 인간이었다. 고양이도 느끼는 감정—사랑과 경쟁, 두 감정이 동시에 얽혀 있을 수 있다는 걸 그는 이해했다.

그날 밤, 제스퍼는 생각했다. 쇼펜하우어가 칸트를 넘어서고자 했던 이유는 단지 철학적 체계의 개선이 아니라, 인간 존재를 더 깊이 이해하고자 했던 갈망 때문이었다. 그는 칸트의 냉철한 구조에 뜨거운 실존의 고통을 덧칠했다. 그것은 냉정한 이론이 아니라, 살아 있는 고통에서 나온 철학이었다.

그는 칸트에게서 철학을 배웠고, 플라톤에게서 사유의 격을 배웠다. 그러나 그는 그 둘을 통합해 '의지'라는 이름으로 전복했다. 그것은 하나의 반란이었고, 동시에 존경이 낳은 싸움이었다.

제스퍼는 마지막으로 노트에 적힌 한 줄을 읽었다.
"진리를 향한 싸움에서 나의 적은 나의 스승이다."
그 한 줄이면 충분했다.

PART 3

의지는 세계의 진짜 얼굴

쇼펜하우어는 칸트의 인식론을 넘어, 세계의 본질은 '표상'이 아니라 '의지'라고 선언한다.

의지는 이성과 무관하며, 본능적이고 맹목적으로 생명체를 움직이는 근원적 힘이다.

인간의 욕망, 생존 본능, 사랑, 예술적 충동, 심지어 철학적 추구조차도 의지의 발현이다.

의지는 결코 충족되지 않으며, 충족되면 곧 지루함과 새로운 결핍으로 이어진다.

인간은 의지의 꼭두각시로 살며, 고통은 이 의지가 우리를 계속 움직이게 만들기 때문에 불가피하다. 세계는 이성적 질서가 아니라, 충동과 갈망의 반복으로 이루어져 있으며, 삶은 끝없는 의지의 되감기다.

쇼펜하우어에게 진정한 철학이란, 이 의지를 자각하고, 그것을 부정하려는 고통스러운 노력에서 출발한다.

Chapter 11

의지는 보이지 않지만 언제나 있다

시간과 사상의 미로를 누비는 철학 탐정, 제스퍼.

이번엔 좀 골치 아픈 개념을 좇는다. 의지다. 눈에 보이지 않지만 모든 존재를 조종하고 있다는 정체불명의 그것. 그래서 제스퍼는 또 다시 쇼펜하우어의 방으로 갔다. 그의 회색빛 오후 속으로.

방은 조용했다. 창밖으로는 가을비가 똑똑 떨어지고, 침묵은 빗소리와 피아노 건반처럼 섞인다. 쇼펜하우어는 소파에 앉아 무언가 쓰다가 멈췄다. 그는 제스퍼에게 눈길을 주지 않았다. 그러나 제스퍼는 그가 자신이 온 걸 안다는 걸 안다. 고양이는 침묵을 공유하는 데 능숙하니까.

제스퍼는 테이블 위로 뛰어올라 그의 종이 위에 발을 살짝 얹었다. 펜 끝에 묻은 잉크 한 방울이 번졌다. 그가 고개를 들었다. 그의 눈은 오래된 미러 같다. 비쳐들어가면 끝이 없다. 제스퍼가 물었다.

"의지는 도대체 뭐야?"

그가 코웃음을 쳤다. "그건 네가 방금 한 질문에 더 가깝지. 도대체 넌 뭐지? 그 질문을 진심으로 하는 거야?"

"진심이지. 넌 말하길 세계는 내 표상이라며? 하지만 그걸 이끄는 게 의지라고 했잖아. 근데 그 의지는 대체 어디 있는 건데? 난 본 적이 없어."

그가 한숨을 지으며 창밖을 가리켰다.

"비가 오고 있지. 저 구름이 하늘에 뜨고, 바람이 몰아치고, 네 수염이 흔들리는 것도 전부 의지의 현상일 뿐이야. 보이지 않지만 언제나 있어. 너도 그렇지 않아? 배가 고프면 먹잖아. 위험하면 도망가고. 그 본능, 그 반사, 그 무의식적 충동이 전부 의지야."

제스퍼는 창가로 걸어가 비 내리는 창문을 바라봤다. 누군가 우산도 없이 걷고 있었다. 누추한 옷차림, 거칠어진 손, 허름한 가방. 그는 이유도 모르고 그 길을 걷는다. 제스퍼가 말했다.

"저 사람도 의지로 걷는 거야?"

"그렇지. 그는 걸으면서 생각하지 않아. 하지만 그의 내면은 목표 없이 움직이는 힘에 지배되고 있지. 살아야 하니까. 목적은 없지만 추진력은 있는 힘. 그것이 의지다."

제스퍼는 쇼펜하우어가 젊었을 때 그가 왜 그렇게 무서운 얼굴을 하고 있었는지 이해할 수 있을 것 같았다. 보이지 않는 무언가가 사람을 끌고 다닌다는 생각은 끔찍하다. 마치 실오라기로 조종당하는 꼭두각시 인형 같다. 그 인형이 자기 의지로 걷고 있다고 착각하는 게 더 무섭다.

제스퍼는 테이블 위에 다시 앉아 앞발로 그의 펜을 살짝 굴렸다.
"근데 그 의지를 거스를 수는 없어?"
그는 제스퍼 쪽을 돌아보며 말했다.
"거스를 수 있지. 아주 잠깐, 예술을 통해서. 미학적 직관 속에서. 네가 햇살 좋은 오후에 창가에서 졸고 있을 때, 넌 어떤 욕망도 느끼지 않지. 순수하게 존재할 뿐이야. 그 순간, 넌 의지에서 자유로워진 거야."
제스퍼는 꼬리를 흔들며 웃었다.
"그럼 난 철학자야. 자주 그러거든."
그는 씩 웃었다.
"그럴지도 모르지."

그 순간 빗소리가 멈추고, 그의 플루트가 흐르기 시작했다. 제스퍼는 그 소리를 들으며 생각했다. '인간은 자신이 의지를 통제한다고 믿는다. 하지만 오히려 의지가 인간을 통제한다. 우리는 욕망이라는 수레에 올라탄 채, 목적지도 모른 채 흔들리며 달리는 승객에 불과하다.'

쇼펜하우어는 이 사실을 가장 먼저 직시한 사람이다. 그리하여 그는 웃지 않았다. 누군가를 사랑하면서도 그게 종족 보존의 의지라는 사실을 안 이상, 더는 사랑할 수 없었고, 음악을 들으면서도 그 속에서 벗어나는 잠깐의 위안을 느꼈을 뿐이다.

제스퍼는 마지막으로 그의 무릎에 올라앉았다. 그는 제스퍼의 등을 몇 번 쓸어주었다. 제스퍼는 안다. 그 순간 그도 의지를 잠시 잊고 있다는 것을. 이 고양이라는 생명체 안에 흐르는 맹목적인 생명력 앞에서 그는 기꺼이 침묵한다.

그날 밤 제스퍼는 그의 침대 끝에서 잠들었다. 플루트 소리는 멎었고, 창밖에는 별이 반짝인다. 그 속에서 제스퍼는 보이지 않지만 언제나 존재하는 그 힘을 감지했다. 숨결과 눈빛, 침묵과 떨림 속에 숨어 있는 의지를.
그래, 의지는 언제나 있다. 우리가 멈출 수 없다는 사실이 그것을 증명한다.

Chapter 12

고양이도 본능은 의지다

제스퍼는 아침 햇살 속에서 조용히 눈을 떴다. 몸을 둥글게 말아 침대 끝자락에 있던 그는, 이미 쇼펜하우어가 일어나 문을 여는 소리만으로 그가 무슨 옷을 입었는지, 오늘은 어떤 기분인지 알아챌 수 있었다. 고양이는 본능적으로 움직였다. 아니, 본능이라 불리는 그것이 사실은 쇼펜하우어가 말하던 '의지'라는 것임을 그는 조금 전 밤의 대화 이후 확신하고 있었다.

쇼펜하우어는 조용히 주전자를 올려 차를 끓였다. 제스퍼는 창가로 이동했다. 창문 아래 작은 마당에는 새 한 마리가 날아들었다. 제스퍼는 깃털을 곤두세운 채, 순식간에 몸을 낮추고 꼬리를 흔들기 시작했다.

딱 세 번, 아니 네 번의 파르르 떨리는 꼬리 움직임. 귀는 뒤로 젖혀지고 눈은 반쯤 감긴 채 정조준 상태. 하지만 그는 뛰지 않았다. 사냥하지 않았다. 그 새는 날아가 버렸다.

쇼펜하우어가 물었다.

"왜 안 뛰었니?"

마치 고양이와 대화가 가능한 듯, 아니 어쩌면 가능한 것을 그는 직감했는지도 모른다.

제스퍼는 대답하지 않았다. 하지만 생각했다. '나는 의지의 명령을 느꼈다. 나를 끌고 가려는 본능, 그것이 나를 한순간 완전히 점령했다. 그러나 나는 잠시 멈췄다.'

쇼펜하우어는 창문 너머로 시선을 돌렸다.

"저건 네가 아니라 생명이 가진 힘이지. 본능은 네가 만든 것이 아니야. 너는 거기에 타고 있을 뿐이지. 고양이도 결국은 의지 위에 올라탄 존재야."

그는 덧붙였다.

"의지는 생명을 통해 드러나고, 본능은 그 표현이야. 본능이란 이름이 친숙하게 들리지만, 결국 그것도 의지지. 의지는 사물 그 자체, 세계의 밑바닥에서 모든 것을 밀어 올리는 근원적 에너지야. 살아 있으려는 힘, 번식하려는 충동, 먹으려는 욕구, 심지어 두려움과 공격성까지. 그 모든 게 의지에서 나온다."

제스퍼는 자신이 왜 사냥 본능을 멈출 수 있었는지 그 정체를 깨달았다. 그것은 생각이 아니었다. 결정도 아니었다. 그것은 마치 눈앞에 보이지 않는 투명한 고요 같은 것이었다. 인간이 '자제'라고 부르는 힘도 본능의 부재가 아니라, 더 큰 의지의 계열이었다. 즉, 도망치거나 공격하거나, 또는 잠시 가만히 있는 것 모두가 같은 출처에서 나오는 다른 표현일 뿐.

쇼펜하우어는 의지를 단순히 인간의 결단이나 계획으로 보지 않았다. 그것은 모든 생명 안에 동일하게 작용하는 비개념적, 무이성적 에너지였다. 인간은 그것에 개념과 언어를 덧씌웠고, 동물은 그 위에 앉아 있는 것이다. 고양이든 사람이든 의지를 피할 수는 없다. 그러나 의지로부터 잠시 멀어지는 것, 그것이 가능한가?

"본능은 거부할 수 없다. 그러나 거리를 둘 수는 있다."

쇼펜하우어는 펜을 들고 무언가 써내려가기 시작했다.

"고양이의 정지된 몸짓 속에 나는 내 철학의 실마리를 다시 본다. 그 순간 그는 단지 동물이 아니었다. 그는 존재였다. 순수한 존재. 욕망도, 지향도 멈춘 상태. 그건 인간에게 거의 불가능한 일이다."

그는 문득 멈추더니 낮은 목소리로 중얼거렸다.

"이 순간 본능은 가라앉고 의지 또한 멈춘다. 그것이 예술이 하려는 일이고, 철학이 가리키는 방향이었다. 고통은 의지가 나를 끌고 갈 때 생긴다. 하지만 의지를 멈출 수 있다면? 고양이는 그걸 안다. 아니, 가끔 실행한다."

제스퍼는 그의 발치로 조용히 걸어왔다. 쇼펜하우어는 고양이의 머리를 쓰다듬으며 말했다.

"너는 본능을 가진 존재지만, 어쩌면 그 너머에 닿은 적이 있는 몇 안 되는 동물일지도 모르겠구나."

그 순간 제스퍼는 인간이라는 존재가 왜 그토록 자신을 설명하려 애쓰는지를 이해했다. 고양이는 몰라도 된다. 하지만 인간은 반드시 알아야 한다. 왜냐하면 인간은 자신의 본능을, 자신의 의지를, 결국 자아라고 믿는 유일한 종이기 때문이다. 그 자아가 흔들릴 때마다 그들은 철학을 만든다.

고양이도 본능은 의지다. 단지 고양이는 그걸 설명하지 않을 뿐이다. 설명이 없기에 더 가깝게 다다를 수 있는 자리. 인간이 말로 가닿으려는 철학의 어떤 침묵이 제스퍼의 꼬리 끝에 조용히 내려앉아 있었다.

Chapter 13

왜 우리는 끊임없이 욕망하는가?

모든 것이 만족스러워 보이는 순간에도, 무언가가 비어 있다는 감각은 멈추지 않는다. 제스퍼는 그것을 여러 번 경험했다. 따뜻한 담요 위에서 배부르고 햇살이 등을 따사롭게 덮고 있어도, 어떤 본능적 충동이 어딘가로 그를 밀어내곤 했다. 움직여야 할 것 같고, 무언가를 더 가져야 할 것 같고, 어쩌면 뭔가 중요한 걸 놓친 것 같은 초조함. 그 감정은 본능이라기엔 너무 교묘하고, 생각이라기엔 너무 생생했다.

그날도 마찬가지였다. 쇼펜하우어의 작업실에서 제스퍼는 그가 벗어둔 외투 위에 둥지를 틀고 있었다. 창밖에선 눈이 내리고 있었고, 방 안은 벽난로 덕분에 따뜻했다. 그럼에도 불구하고 제스퍼는 꼬리를 천천히 흔들고 있었다. 뭔가가 부족했다. 어떤 충족되지 않은 감각이 그의 몸속을 맴돌고 있었다.

쇼펜하우어는 그런 제스퍼를 보며 말했다.

"그게 바로 의지다. 만족은 없지. 언제나 결핍만이 있어. 우리가 살아 있다는 건, 아직 무엇인가가 채워지지 않았다는 뜻이야."

그는 책상에 앉아 원고를 펼쳤다. 그의 손끝은 익숙한 문장을 반복적으로 쓰고 있었다. 세계는 나의 표상이며, 나의 의지다. 그는 제스퍼를 보며 물었다.

"넌 참 많이 먹고도 또 먹으려 하지. 그건 배가 고파서가 아니지?"

제스퍼는 고개를 돌리지 않았다. 그는 방금 전 주방에서 훔쳐온 송어 살점을 다 먹은 뒤였다. 배는 불렀다. 하지만 입은 아직도 무언가를 원하고 있었다. 혀끝은 감각을 기억했고, 뇌는 재현을 요구하고 있었다.

쇼펜하우어는 말했다.

"욕망은 의지의 모양이야. 우리는 욕망한다. 그리고 그것이 충족되면 곧바로 새로운 욕망이 생기지. 완전한 만족은 없어. 왜냐면 욕망은 결핍에서 나오지만, 충족은 단지 잠깐일 뿐이거든. 그 잠깐의 충족조차도 의지의 멈춤이 아니라, 의지의 전환에 불과하지."

그는 벽장 쪽을 가리켰다. 그 안에는 그가 수집한 다양한 악보와 동양 철학 서적, 괴테의 편지 사본이 있었다.

"나도 그런 것들을 수집해. 읽고 나면 또 다른 책이 필요하고, 음악을 듣고 나면 또 다른 곡을 찾게 되지. 내 정신은 그걸로 배부르지 않아. 언제나 또 다른 걸 원해. 그게 정신의 허기야."

그 순간 누군가 문을 두드렸다. 집배원이었다. 쇼펜하우어는 창밖으로 다가가 봉투를 받아 들었다. 한 젊은 철학도로부터의 질문 편지. 그는 그 편지를 다 읽기도 전에 이미 답장을 구상하기 시작했다. 제스퍼는 그것을 보며 깨달았다. 고요한 듯 보이는 이 인간도 사실은 끊임없이 바라는 자였다. 더 깊이 이해되기를, 더 정확히 말해지기를, 더 오래 기억되기를.

쇼펜하우어는 제스퍼에게 조용히 말했다.

"그게 바로 삶이라는 것의 아이러니야. 살아 있다는 건 만족하지 않는다는 것이고, 만족하지 않는다는 건 곧 욕망한다는 뜻이야. 그리고 욕망한다는 건, 결국 다시 고통으로 돌아가는 길이지."

제스퍼는 그 말을 몸으로 이해했다. 그는 창밖으로 다시 시선을 돌렸다. 길 건너 가게 앞에 붕어빵을 파는 수레가 서 있었고, 어린아이가 엄마 손을 끌며 그 앞을 서성였다. 아이는 손에 하나를 쥐고 있었지만, 눈은 다음 붕어빵을 향하고 있었다.

쇼펜하우어는 그 장면을 가리키며 중얼거렸다.

"충족은 그 자체로 지속되지 않아. 그건 다음 결핍을 위한 정지 장면일 뿐이지."

제스퍼는 다시 자리를 털고 일어났다. 그는 쇼펜하우어의 무릎 위에 올라앉았다. 쇼펜하우어는 그를 쓰다듬으며 말했다.

"그래도 그 순간만은 좋아. 네가 이렇게 조용히 앉아 있는 지금, 나는 잠깐 멈춘 것 같아. 욕망이 침묵하는 그 드문 순간.”

그러나 제스퍼는 이미 귀를 젖히고 창문 쪽을 응시하고 있었다. 눈은 그쳤고, 누군가 마차를 끌고 지나가고 있었다. 낯선 개가 짖었다. 제스퍼의 수염이 꿈틀거렸다. 그리고 다시 그는 느꼈다. 움직이고 싶은 충동, 잡고 싶은 마음, 나아가고 싶은 갈증.

그건 단지 고양이만의 문제가 아니었다. 인간도, 쇼펜하우어도, 거리의 행인들도, 모두가 무언가를 향해 있었다. 어디로 가는지도 모르면서 계속해서 무언가를 향해 달려가고 있었다.

그날 밤 제스퍼는 쇼펜하우어의 무릎 위에서 잠들었다. 그리고 꿈을 꿨다. 창밖으로 끝없이 펼쳐진 들판을 달리는 꿈. 아무것도 필요하지 않고, 아무것도 부족하지 않은 그 잠깐의 꿈. 하지만 그조차도 곧 깨어난다. 그리고 다시 욕망은 시작된다. 그것이 살아 있다는 증거이기 때문이다.

Chapter 14

자연은 우리를 원하지 않는다

늦겨울의 들판. 바람은 날카롭고, 흙은 얼어붙어 있었다. 제스퍼는 얼어붙은 낙엽 위를 조심스럽게 걸었다. 먼 발치에서 쇼펜하우어가 손을 등 뒤에 모은 채 걷고 있었다. 그의 발걸음은 묵직했다. 들판 너머엔 작은 숲이 있었고, 숲 뒤로는 회색 하늘이 낮게 깔려 있었다.

쇼펜하우어가 입을 열었다.

"자연은 아름답지. 특히 이렇게 말을 아끼고 무심할 때 더욱 그렇지."

제스퍼는 그의 옆을 걷다가 대꾸했다.

"그래도 인간은 자연 속에서 위안을 얻으려고 하지. 풍경화를 그리고, 꽃을 꽂고, 정원을 가꾸고. 마치 자연이 우리를 보살펴주는 존재인 것처럼."

쇼펜하우어는 가볍게 웃었다.

"그건 인간이 만든 환상이지. 자연은 그 어떤 관심도 우리에게 주지 않아. 태풍은 시인을 피하지 않고, 병균은 성자를 가려 죽이지 않

아. 자연은 무심하고, 따라서 잔혹해. 우리가 죽는다고 해서 자연이 흔들릴까? 아니, 오히려 더 정돈되지."

그는 잠시 멈춰 서서 발아래 낙엽을 밟았다. 바삭거리는 소리가 공기를 찢었다.

"우리는 자연의 일부이면서도 자연과 끊임없이 충돌해. 왜냐하면 우리는 의지를 가졌기 때문이야. 의지는 살고자 하고, 더 나아가고자 해. 그런데 자연은 살아도 죽어도 상관없다고 말하지. 그 간극, 그 모순에서 비극이 생겨."

제스퍼는 숲 가장자리의 바위를 타고 올라가 앉았다. 아래를 내려다보며 말했다.

"그렇다면 생존 본능은 자연이 준 것이 아니란 말이야?"

쇼펜하우어가 고개를 저었다.

"생존 본능은 자연이 만든 것이 맞아. 하지만 자연은 그 본능이 우리를 행복하게 만들지는 않아. 자연은 종을 보존하길 원하지만, 개체 하나의 고통이나 기쁨은 고려하지 않아. 우리는 도구일 뿐이야. 유전자의, 번식의, 순환의."

그는 하늘을 올려다보며 말을 이었다.

"인간은 자주 착각하지. 만물의 영장이라든가, 지구의 주인이라든가. 하지만 누구도 인간에게 그런 지위를 부여한 적 없어. 인간은 누구도 시키지 않은 일을 하면서 스스로를 중심에 놓고 있어. 댐을 만들고, 숲을 밀어내고, 바다를 재단하고. 마치 자연의 설계자가 되기라도 한 듯이.”

바람이 세차게 불었다. 제스퍼의 수염이 흔들렸다. 그는 생각했다. 고양이로서 살아가는 데 익숙했던 모든 본능들이, 어느 순간 너무 정확해서 오히려 섬뜩했던 기억이 떠올랐다. 무언가에 이끌리듯 움직이고, 이유도 모른 채 행동하고, 만족보단 충동이 앞서던 시간들.

“우리가 자꾸 자연으로 돌아가고 싶어 하는 건 그 무관심 속에서 오히려 자유를 느끼기 때문일까?” 제스퍼가 물었다.

쇼펜하우어는 천천히 고개를 끄덕였다.

“어쩌면 그래. 자연은 명령하지 않거든. 대신 침묵하지. 그 침묵 속에서 우리는 우리 자신을 본다. 그리고 불안해하지. 왜냐하면 그 침묵은 우리가 그토록 갈망하는 의미에 대해 아무 말도 하지 않거든.”

그들은 들판 끝의 오래된 언덕에 섰다. 아래는 폐허가 된 농장이었고, 뒤편에는 붉은 벽돌 공장이 방치된 채로 남아 있었다. 인간의 흔적이었지만, 자연은 그것을 무심히 덮고 있었다. 마치 아무 일도 없었다는 듯.

쇼펜하우어는 말했다.

“인간은 의미를 만들어야만 견딜 수 있어. 하지만 자연은 의미를 만들지 않아. 그건 인간의 몫이지. 자연은 절대 우리를 위해 존재하지 않아. 오히려 우리는 잠시 그 안을 지나가는 형식일 뿐이야.”

제스퍼는 그 말을 가만히 곱씹었다. 의미 없는 공간에서 의미를 묻는 일, 그것이 인간의 조건이라면 고양이로서는 다소 낯설고도 흥미로운 사고였다. 고양이는 설명하지 않는다. 그저 존재할 뿐이다. 하지만 인간은 그 존재마저 언어로 포획하고, 그 안에 방향을 심으려 한다.

눈이 조금씩 내리기 시작했다. 들판은 다시 고요해졌고, 자연은 여전히 아무 말이 없었다. 모든 것이 본래의 자리를 찾는 듯했지만 정작 인간만이 그 자리를 잃고 방황하고 있었다.

쇼펜하우어는 마지막으로 말했다.

“자연은 우리를 원하지 않아. 단지 우리를 통과할 뿐이야. 우리라는 생명의 형식이 지나가고 또 다른 것이 올 거야. 우리는 자연의 목적이 아니라 결과일 뿐이지. 그리고 자연은 결과에 대해 아무런 감정을 갖지 않아.”

제스퍼는 그 말을 가만히 가슴에 새겼다. 바람과 눈발 속에서 그는 오히려 더 선명한 존재로 느껴졌다. 자연은 우리를 원하지 않지만 바로 그 사실이 우리를 철학하게 만든다. 의미 없는 세계 속에서 의미를 묻는 일, 그것이 존재의 시작이었다.

Chapter 15

자아는 의지의 꼭두각시

한밤중 쇼펜하우어의 방에는 등불 하나만
이 켜져 있었다. 그림자는 벽을 타고 흘렀고, 천장에는 마치 오래된
극장의 커튼처럼 침묵이 드리워져 있었다. 제스퍼는 책상 위의 책 더
미 사이에 자리를 잡고 앉아 있었다. 그는 쇼펜하우어가 쓰고 있는
문장을 조용히 훔쳐보았다.

"나는 나를 움직인다고 생각하지만, 사실은 나도 모르는 방향으로
끌려간다."

쇼펜하우어는 그 문장을 중얼거리며 다시 읽었다. 그러고는 펜을
놓고 제스퍼 쪽을 향해 고개를 돌렸다.

"자아란 게 뭔지 아나, 제스퍼?"

고양이는 꼬리를 천천히 감았다. 그의 눈빛은 사색적이었다. 인간
은 자아를 너무 과대평가한다. 고양이는 자아를 따로 구분하지 않는
다. 본능과 행동이 하나로 이어져 있다. 하지만 인간은 모든 것을 자
아로 설명하려 든다.

쇼펜하우어는 조용히 말했다.

"사람들은 '내가 선택했다', '내가 결심했다'고 말하지. 그러나 그 '내'는 어디 있는가? 우리가 의식적으로 하는 모든 선택은 이미 무의식의 지시를 따라 움직이고 있어. 즉, 자아는 의지의 대변인일 뿐이지. 진짜 주인은 따로 있어."

그는 의자에 등을 기대고 잠시 눈을 감았다.

"우리는 꼭두각시야. 다만 실을 조종하는 손이 보이지 않기 때문에 우리가 자유롭다고 착각하지."

제스퍼는 낮에 있었던 일을 떠올렸다. 그는 갑자기 마당의 흙을 파기 시작했다. 특별한 이유는 없었다. 단지 어떤 감각이 그를 그렇게 움직이게 했다. 이성적 동기 따윈 없었다. 그것은 욕구도 아니었고, 의무도 아니었다. 단지 무엇인가가 몸을 움직이게 만든 것이다. 그것이 의지다.

인간은 그 감각을 '나'라고 부른다. 그러나 제스퍼는 그 '나'라는 것이 결국 몸을 따라가고 있다는 걸 알고 있었다. 쇼펜하우어의 말처럼 자아는 전면에 떠 있는 얼굴일 뿐이며, 그 뒤에는 훨씬 더 깊고 본질적인 힘이 작동하고 있다.

그때 제스퍼는 문득 니체를 떠올렸다. 언젠가 시간여행 중 만난 젊은 니체는 말했다.

"나는 나 자신을 무너뜨리기 위해 철학한다."

그는 쇼펜하우어의 의지 개념을 물려받았지만, 그 위에 자신의 '힘의 의지'를 얹었다. 자아는 의지에 끌려가는 수동적 꼭두각시가 아니라, 스스로 고통을 의지로 전환하는 창조자가 되어야 한다고 믿었다.

그리고 릴케. 파리의 어느 골목. 제스퍼는 릴케가 붓과 펜 사이에서 방황하던 밤을 목격했다. 그는 적었다.

"나는 내 안의 짐승을 길들이지 않기로 했다. 그 짐승이 나를 쓰게 하라."

릴케는 자아란 의지의 꼭두각시일 뿐만 아니라 그 실마저도 운명처럼 받아들여야 한다고 생각했다. 자아는 쥐는 것이 아니라 흘러가는 것. 고통마저도 말로 옮겨질 수 있는 형태로 변형되는 것.

쇼펜하우어는 손에 들고 있던 고양이 조각상을 들어 보였다.

"이 조각상은 멈춰 있지. 하지만 네 몸 안의 자아는 끊임없이 움직여. 생각, 감정, 충동, 그러나 그 모든 건 뒤에서 당기는 실의 움직임이야. 우리는 그 실의 방향을 모르면서도 우리가 주체라고 믿어."

"그래서 인간은 비극적이야. 자기가 자기를 알고 있다고 착각하기 때문이지."

제스퍼는 고개를 살짝 끄덕였다. 자아는 주체가 아니라 반응이다.

그는 그것을 몸으로 느끼고 있었다. 고양이로서의 그는 자주 본능에 순응했다. 그러나 그 본능이 꼭 그의 의지는 아니었다. 그것은 흐름이었다. 방향도, 목적도 없이 흘러가는 거대한 강줄기 같았다.

그때 제스퍼는 다시 한 사람을 떠올렸다. 장 폴 사르트르. 그는 인간은 자유롭다고 외쳤다. 하지만 그 자유란 곧 스스로를 만들어야 하는 저주였다. 자아는 실존이라는 수렁 속에서 매번 스스로 결정해야 했고, 그 결정의 무게를 온전히 짊어져야 했다. 의지에 조종당하든, 책임의 무게로 압도되든, 인간은 항상 자아를 중심으로 고통을 끌어안고 있었다.

그리고 카뮈.
"인간은 돌을 밀어 올리는 시지프처럼 끊임없이 자신을 반복한다." 그는 인간의 자아를 세계의 부조리 속에 던져두고, 그 안에서 웃을 수 있어야 한다고 말한다. 자아는 의지의 꼭두각시인 동시에, 웃으며 그것을 연기하는 배우다.

쇼펜하우어는 다시 펜을 들었다.
"그래도 철학자는 그 실을 의심할 수 있어야 해. 우리가 자유롭지 않다는 걸 알면 적어도 자유를 꿈꿀 수는 있으니까."

방 안은 조용했다. 등불은 바닥을 흔들듯이 출렁이고, 제스퍼는 쇼펜하우어의 발치에 몸을 말았다. 그는 잠들었다. 꿈속에서도 그는 의지의 흐름을 따라 흘러갈 것이다. 하지만 그 흐름을 바라보는 시선 하나만은 그 밤에 분명히 남아 있었다.

자아는 의지의 꼭두각시다. 하지만 꼭두각시는 때때로 자신의 줄을 본다. 그리고 줄을 본 그 순간부터 철학은 시작된다.

PART 4

고통과 허무, 현실의 이름

삶은 본질적으로 고통이며, 행복은 고통의 일시적 중단일 뿐이다.

인간은 끊임없이 욕망하지만, 충족된 욕망은 곧 지루함으로 변한다.

의지는 인간을 움직이는 맹목적 힘이며, 자아는 그 꼭두각시에 불과하다.

삶은 연속된 실패와 허무의 기록이며, 죽음은 그 마지막 페이지다.

이 모든 현실을 낙관으로 포장하는 것은 자기기만이며,

고통을 직시하는 데서 철학이 시작된다.

Chapter 16

행복은 왜 늘 잠깐뿐인가

제스퍼는 햇살 좋은 날이면 거리로 나가 사람들을 관찰하곤 했다. 그날도 그랬다. 프랑크푸르트의 겨울이 끝나갈 무렵, 대기에는 아직도 바람 속의 서늘함이 남아 있었지만, 광장에는 이미 봄을 맞으러 나온 사람들이 북적였다. 아이스크림을 먹는 아이들, 카페 테라스에서 샴페인을 마시는 부부, 그리고 셀카를 찍는 여행자들. 모두 웃고 있었다. 누구나 지금 이 순간만큼은 '행복하다'고 느끼고 있는 듯했다. 하지만 제스퍼는 알았다. 그것이 얼마나 얇고 사라지기 쉬운 막 같은 감정인지.

그는 쇼펜하우어의 회갈색 외투 자락 아래로 조용히 파고들었다. 쇼펜하우어는 광장의 한구석 벤치에 앉아 사람들을 바라보고 있었다. 그의 눈은 따뜻하기보단 투명했다. 그는 감정이 아닌 구조를, 마음이 아닌 원인을 바라보는 사람이었다.

제스퍼는 그의 무릎 위로 올라가 몸을 말았다. 쇼펜하우어는 아무 말 없이 그의 등을 쓰다듬었다. 그 고요 속에서 제스퍼는 느꼈다. 인간이 '행복'이라 부르는 감정은 단지 고통이 일시적으로 멈춘 상태에 지나지 않는다는 것을.

"저 사람들, 지금은 웃지만 곧 불안해지겠지." 쇼펜하우어가 중얼
거렸다.

"왜?" 제스퍼는 마음속으로 물었다.

"왜냐면 그들이 지금 행복하다고 느끼는 이유는 충족된 욕망 때문
이야. 그런데 욕망은 충족되는 순간 사라지거나 새로운 형태로 다시
태어나지. 인간은 결코 멈추지 않아. 만족은 고정되지 않아. 그러니
까 행복은 잠깐이야. 거의 틈새 같은 거지."

그때 맞은편 카페에서 한 청년이 반지를 꺼내더니 무릎을 꿇었다.
여자는 손으로 입을 가리고 웃으며 고개를 끄덕였다. 주변 사람들은
박수를 쳤고, 샴페인이 터졌다. 제스퍼는 그 순간의 극적인 표정을
놓치지 않았다. 환희, 기쁨, 승리감, 안도감. 감정의 만화경이 휘몰
아쳤다.

하지만 쇼펜하우어는 눈길도 주지 않았다. 그는 말했다.

"그 순간이 지나면 걱정이 따라오겠지. 결혼 준비, 경제적 불안, 관
계의 변화. 무엇보다 그가 이 순간을 영원히 붙잡을 수 없다는 사실
이 그를 불행하게 만들 거야."

제스퍼는 생각했다. 고양이로서 그는 그만큼의 고통은 느끼지 않
는다. 지금 햇볕이 따뜻하면 그걸로 족하다. 하지만 인간은 미래라는

시간을 발명했고, 그 안에 '더 나은 상태'를 끊임없이 상상한다. 그 상상이 욕망을 낳고, 욕망은 만족을, 만족은 허무를, 그리고 허무는 다시 욕망을 낳는다. 끝없는 윤회다.

그는 기억을 더듬었다. 며칠 전 쇼펜하우어는 손님을 맞았다. 한 부유한 은행가였다. 그는 여행을 다녀왔다며 이국적인 차를 선물했고, 쇼펜하우어는 정중하게 그를 맞이했다. 그러나 대화는 곧 의외의 방향으로 흘렀다. 은행가는 말했다.

"나는 모든 것을 가졌지만, 요즘은 삶이 심심하게 느껴져. 더 이상 갖고 싶은 게 없거든."

쇼펜하우어는 그에게 이렇게 말했다.

"그건 당신이 모든 걸 가진 게 아니라, 욕망을 옮길 대상을 잃어버렸기 때문입니다. 지루함은 고통만큼이나 강렬한 감정이에요. 그것도 당신이 여전히 살아 있다는 증거지요."

그는 덧붙였다.

"행복은 충족이 아니라 충족되기 직전의 긴장 속에 더 많습니다. 도달해버린 순간, 우리는 다시 공허해지니까요."

제스퍼는 그 말에 충격을 받았다. 충족이 아닌 긴장. 그렇다면 인간은 행복해지기 위해서 오히려 결핍 상태를 유지해야 하는가? 그렇다. 쇼펜하우어에게 있어서 행복이란 목적지가 아니라, 욕망이 일으키는 찰나의 환기일 뿐이었다.

광장의 인파는 조금씩 줄어들고 있었다. 제스퍼는 가만히 주변을 둘러보았다. 아까의 커플은 사진을 확인하느라 바빴고, 아이들은 울기 시작했고, 샴페인은 김이 빠졌다. 그 모든 것이 채 10분도 지나지 않아 무너지는 장면 같았다.

쇼펜하우어는 천천히 자리에서 일어났다. 제스퍼는 그의 어깨 위로 올라탔다. 거기서 바라보는 세계는 조금 다르게 보였다. 아래에서 웃고 있던 사람들도 누군가의 어깨 위에선 슬픔처럼 작아 보였다.

그는 말했다.
"행복을 찾으려 하지 말자, 제스퍼. 그것은 우리가 붙잡으려 할수록 더 빨리 증발하는 안개 같은 거야. 차라리 고통 없는 상태를 유지하는 것. 그게 우리가 바랄 수 있는 최선이지."
제스퍼는 바람을 느끼며 생각했다. 고양이는 그런 안개를 쫓지 않는다. 그는 단지 따뜻한 자리를 찾아 앉을 뿐이다. 그 순간에 충실한 존재. 어쩌면 그것이 인간이 끝없이 갈망하는 상태일지도 몰랐다. 그러나 그들이 절대 도달할 수 없는.

행복은 늘 잠깐뿐이다. 그리고 그 사실을 인정하는 순간, 오히려 고요한 평온이 찾아온다. 쇼펜하우어와 제스퍼는 그렇게 봄의 끝자락을 지나 다시 겨울 같은 철학 속으로 걸어 들어갔다.

Chapter 17

지루함은 고통의 쌍둥이

오전 열한 시. 방 안은 너무나 조용했다. 쇼펜하우어는 커튼도 걷지 않은 채 침대에 등을 기대고 앉아 있었고, 제스퍼는 창가의 그림자 속에서 털을 핥고 있었다. 고요는 견고했고, 마치 그 자체로 숨이 막히는 듯한 무게를 가졌다. 그건 고통이 아니었지만, 고통의 뒷면이었다. 지루함. 그것은 무언가가 부족해서 생긴 게 아니라, 오히려 아무것도 필요하지 않은 순간에 찾아오는 공허였다.

제스퍼는 창문 밖을 내다봤다. 별일 없는 거리, 늙은 개가 느릿하게 걷고, 마차가 거칠게 덜컹대며 지나가고, 저 멀리 전당포 앞에는 남루한 옷차림의 남자가 서성이고 있었다. 이 모든 풍경이 너무 익숙했고, 너무 동일했고, 너무… 무의미했다.

쇼펜하우어가 침묵을 깨뜨렸다.

"고통은 채워지지 않아. 괴롭지만 지루함은 다 채워진 다음에 온다. 인간은 무언가를 쫓을 땐 덜 괴로워. 쫓을 게 없을 때 진짜 괴로움이 시작되지."

제스퍼는 그의 발치로 걸어갔다. 고양이의 삶은 단순하다. 자고, 먹고, 햇살을 쬐고, 때때로 뛰고, 다시 잔다. 그러나 어떤 날은 아무 것도 하고 싶지 않다. 그 어떤 자극에도 반응하고 싶지 않고, 그 어떤 움직임도 의미 없어 보인다. 그런 날의 정체가 지루함이라는 걸 제스 퍼는 쇼펜하우어를 통해 배웠다.

쇼펜하우어는 천천히 몸을 일으켰다.
"내가 왜 철학을 했는지 아니?"
그는 제스퍼에게 묻지 않으면서도 묻고 있었다.
"지루했기 때문이지. 세상이 이렇게 반복되고, 인간이 계속 똑같은 욕망을 되풀이하고, 그러다 결국 죽는 걸 보며 견딜 수가 없었어. 철 학은 그 단조로움을 뚫는 유일한 구멍이었지."

그는 작은 찻주전자를 들어 물을 붓고 찻잎을 담았다. 그 과정조 차 의미가 없어 보였다. 아니, 의미를 부여하지 않으면 의미가 생기 지 않는다는 사실이 더 지겨웠다. 인간은 매 순간 무엇인가를 채워 넣지 않으면 견딜 수 없는 존재였다. 시간, 음식, 일, 관계, 심지어 고 통까지.

제스퍼는 생각했다. 고통은 그나마 선명하다. 배가 고프면 먹으면

되고, 아프면 치료하면 된다. 하지만 지루함은 방향이 없다. 그것은 목적지를 알 수 없는 안개 속에서 길을 잃는 감정이다. 그래서 더 무섭다. 인간은 고통을 회피하려고 모든 문을 닫지만, 그 닫힌 문 안에서 바로 지루함이 피어난다.

그때 창밖에서 한 소년이 날고 있는 종이연을 놓쳤다. 연은 휘청이며 추락했고, 아이는 울기 시작했다. 제스퍼는 그 장면을 바라보며 생각했다. 아이는 지금 고통을 느끼고 있다. 그러나 그 고통은 곧 새로운 욕망으로 전환될 것이다. 새로운 연, 더 튼튼한 끈, 더 높이 나는 바람. 하지만 그 모든 게 충족되고 나면, 다시 찾아올 것이다. 지루함이. 그리고 그때 그는 더 울지도 모른다. 이유도 없이.

쇼펜하우어는 조용히 앉아 다시 원고를 들었다.
"지루함은 고통과 쌍둥이야. 하나는 결핍에서 오고, 하나는 과잉에서 오지. 하지만 둘 다 의지의 부작용이지. 살아 있다는 것 자체가 견딜 수 없는 긴장이라는 뜻이니까."

제스퍼는 다시 창가로 걸어갔다. 그의 그림자가 유리창에 겹쳐졌다. 그 그림자는 말이 없었다. 하지만 그 말 없는 고요 속에 인간이 견디지 못하는 모든 것이 들어 있었다. 소음, 고통, 쾌락, 그 모두가 없을 때 남는 진짜 적. 이름은 단순하다. 지루함. 하지만 그것은 무력한 것이 아니라, 가장 강력한 침묵이었다.

그날 밤 제스퍼는 쇼펜하우어의 가슴팍에 기대 잠이 들었다. 꿈속에서도 그는 달리고 있었지만, 달려야 할 이유는 없었다. 그것이 바로 지루함의 뿌리였다. 어디에도 닿지 않는 움직임. 그리고 그것이야말로 인간이 가장 오래, 그리고 가장 자주 마주하는 고통의 다른 이름이었다.

Chapter 18

인생은 의지의 실패 기록

늦은 오후, 흐릿한 빛이 프랑크푸르트의 거리 위에 깔려 있었다. 쇼펜하우어는 낡은 외투를 걸친 채 천천히 강둑을 따라 걷고 있었고, 제스퍼는 그의 몇 걸음 뒤에서 따라가고 있었다. 세상은 고요했지만, 제스퍼는 알았다. 지금 그의 머릿속에는 수많은 것들이 소용돌이치고 있다는 것을.

그들은 오래된 묘지 근처에 다다랐다. 낡은 비문들과 이끼 낀 십자가들 사이에서 쇼펜하우어가 멈춰 섰다. 그는 잠시 침묵하더니 말했다. "여기 누워 있는 사람들 모두 의지를 따라 살았지. 무언가를 원했고, 추구했고, 그 대가로 이곳에 와 있지. 그들의 삶은 무엇이었을까. 한 줄로 정리된다면 '실패의 연속' 아니었을까?"

제스퍼는 그의 옆에 조용히 앉았다. 고양이는 죽음을 두려워하지 않는다. 삶을 순환으로 보기 때문이다. 그러나 인간은 다르다. 인간은 실패를 두려워하고, 죽음을 두려워하고, 무엇보다 '무의미함'을 두려워한다.

쇼펜하우어는 무덤 하나를 가리켰다.

"요한 프리드리히. 상인이었다고 한다. 그는 아마도 돈을 모았겠지. 더 큰 집을 사고, 더 많은 물건을 갖고, 가족을 꾸렸을 수도 있겠지. 그런데 지금 여기 누워 있어. 그의 의지는 그를 살게 했지만, 결국 죽음 앞에선 모두 허사였어."

그는 낮은 목소리로 덧붙였다.

"우리는 의지를 통해 살아가지만, 그 의지는 항상 실패한다. 만족은 영원하지 않고, 고통은 반복되고, 마지막엔 죽음만이 남지. 삶은 결국 의지의 실패 기록이야."

제스퍼는 그의 말을 곱씹었다. 고양이로서 그는 욕망을 단순하게 인식한다. 배고프면 먹고, 졸리면 잔다. 그러나 인간의 욕망은 중첩되고, 끝이 없으며, 서로 충돌한다. 그래서 그들의 삶은 끊임없는 갈증이다. 그리고 그 갈증을 해소하려다 더 깊은 허무에 빠진다.

쇼펜하우어는 자신 역시 그와 다르지 않았음을 알고 있었다. 그의 인생 역시 의지를 향한 무수한 실패로 점철되어 있었다. 그는 아버지의 뜻을 따라 상인의 길을 걷기 위해 도제수업을 시작했지만, 아버지의 갑작스러운 죽음 이후 그 삶의 궤도를 완전히 바꿨다. 그는 철학을 택했고, 생각을 택했다. 그러나 그 선택은 찬란한 성공으로 이어지지 않았다.

그는 대학에서 인정받지 못했고, 헤겔과 같은 주류 철학자들과 충돌했다. 그의 강의는 비었고, 저서들은 무시당했다. 그는 결혼하지 않았고, 제자도 없었으며, 대중의 관심에서도 멀어져 있었다. 살아 있는 동안 그는 거의 잊힌 철학자였다.

그러나 그는 굶지는 않았다. 아버지가 남긴 유산 덕분이었다. 아이러니였다. 자신이 철학자로 살 수 있었던 배경에는 자신이 비판했던 자본과 상업의 그림자가 깔려 있었던 것이다.

그날 밤 제스퍼는 쇼펜하우어의 책상 위에 놓인 원고를 훔쳐보았다. "우리는 살아가는 동안 무언가를 성취한다고 믿지만, 사실은 그 모든 시도가 얼마나 무력했는지를 남기는 기록에 지나지 않는다."

쇼펜하우어는 창밖을 보며 말했다.
"삶의 의미는 고통을 최소화하는 데 있지 무언가를 이루는 데 있지 않아. 의미를 추구하는 그 순간조차도 의지가 너를 속이고 있는 거지."

제스퍼는 그의 발치에 몸을 말고 누웠다. 그는 알았다. 삶은 계획이 아니라 충동의 흐름 속에서 흘러간다. 인간은 그것을 자신의 선택이라 믿지만, 사실은 의지가 만들어낸 방향 없는 항해다. 배는 떠났고, 목적지는 없다. 돛을 올렸지만, 바람은 질문을 하지 않는다.

"그래서 나는 고통을 멈추는 법을 고민했다." 쇼펜하우어는 마지막으로 말했다.

"미학, 금욕, 연민. 그 세 가지만이 의지를 중단시키는 희박한 통로다. 그것마저도 잠깐일 뿐이지만."

묘지 뒤편에서 늦은 바람이 불어왔다. 나뭇잎이 흩날렸다. 그 바람 속에서 제스퍼는 묘한 해방감을 느꼈다. 어쩌면 삶은 무언가를 이루는 것이 아니라 그 모든 욕망이 실패로 돌아가는 과정을 깨닫는 일인지도 몰랐다.

삶은 의지의 실패 기록. 그러나 그 사실을 받아들이는 순간, 인간은 처음으로 조용해질 수 있다. 고요해질 수 있다. 침묵 속에서 처음으로 자기 자신을 직면할 수 있다.

Chapter 19

고통의 진짜 원인은 뭘까?

그날은 비가 내리고 있었다. 가늘고 끈질긴 비가 지붕을 때리고, 창틀을 타고 흐르며, 모든 색을 축축하게 적셨다. 쇼펜하우어는 그의 오래된 갈색 외투를 걸치고 골목 어귀의 약국 앞에 서 있었다. 제스퍼는 그 옆에 조용히 앉아 있었고, 물에 젖은 꼬리를 가끔 떨 뿐 말이 없었다.

그들은 이른 아침부터 한 마을을 방문하고 돌아오는 길이었다. 마을에는 병든 개 한 마리가 있었다. 귀는 잘려 있었고, 다리는 절었으며, 몸엔 상처가 많았다. 누군가 버린 듯한 그 개는 폐가 근처에 누워 있었다. 제스퍼는 처음엔 다가가지 않았다. 하지만 쇼펜하우어가 망설임 없이 무릎을 꿇고 개에게 물을 건넨 순간, 제스퍼는 알았다. 고통은 관념이 아니라 현존이었다.

돌아오는 길 내내 쇼펜하우어는 말이 없었다. 그 침묵은 무거웠다. 약국 문이 열리고 약사가 나왔다. 쇼펜하우어는 작은 봉투 하나를 건네받고 고개를 끄덕인 뒤, 다시 골목을 따라 걷기 시작했다.

제스퍼는 그의 뒤를 따르며 생각했다. 고통은 어디에서 시작되는가? 상처에서? 배고픔에서? 외로움에서? 아니면 의식 그 자체에서? 그는 인간들이 말하는 '마음의 고통'이라는 개념이야말로 가장 정교하고도 설명 불가능한 고통의 형식이라고 생각했다.

쇼펜하우어는 한 번도 '행복'이라는 단어를 신뢰하지 않았다. 그에게 있어 행복이란 고통이 없는 상태였고, 그것도 잠시뿐인 예외적 휴지에 불과했다. 인간은 살아 있는 한 고통을 피할 수 없다. 그 고통은 외부에서 오는 것이 아니라 내면의 구조에서 솟구친다.

그는 말하곤 했다.
"고통의 진짜 원인은 결핍이 아니야. 충족될 수 없는 의지, 그 자체지. 우리가 원하는 모든 것은 충족되는 순간 또 다른 결핍으로 바뀌거든. 결국 의지가 존재하는 한 고통은 끝나지 않아."

그날 저녁 집에 돌아온 쇼펜하우어는 벽난로 앞에서 말없이 앉아 있었다. 제스퍼는 그의 무릎에 머리를 얹었다. 불빛은 벽을 물들이고 시간은 느릿하게 흘렀다.

그는 갑자기 중얼거렸다.
"우리가 태어났다는 건 이미 고통이 시작됐다는 뜻이야. 의지는 태어나는 순간부터 우리를 끌고 다녀. 욕망하고, 탐하고, 비교하고, 불안해하고. 거기서 빠져나오는 방법은 거의 없어. 우리는 그저 반복할 뿐이지."

제스퍼는 그 말의 무게를 느꼈다. 고양이로서의 제스퍼는 욕망을 간단하게 다룬다. 하지만 인간은 아니다. 그들은 기억하고, 비교하고, 미래를 상상한다. 고통은 단지 상처에서 오는 게 아니다. 고통은 '더 나은 상태'를 상상할 수 있다는 능력에서 생겨난다. 그것이 의식의 저주다.

쇼펜하우어는 다시 말을 이었다.
"그래서 나는 자주 생각하지. 가장 덜 고통스러운 삶은 가장 조용한 삶일 거라고. 야망도, 경쟁도, 심지어 희망도 줄인 삶. 어쩌면 단순히 존재하는 것만으로도 충분한 그런 삶 말이야."

불이 점점 꺼져갔다. 제스퍼는 눈을 감았다. 그는 오늘 병든 개의 눈빛을 기억했다. 거기엔 기대도, 원망도 없었다. 단지 견디는 눈빛이었다. 어쩌면 그것이야말로 인간이 배워야 할 태도일지도 몰랐다.

고통의 진짜 원인은 바깥이 아니다. 그것은 인간이 자신의 내면에서 생성해낸 불만족의 회로, 욕망의 무한궤도다. 그것을 인식하는 순간, 고통은 사라지지 않지만 적어도 그것의 정체는 분명해진다. 그리고 그때부터 삶은 조금 덜 고통스러워진다.

Chapter 20

낙관주의는 자기기만이다

비가 그친 뒤의 공기는 맑았지만 차가웠다. 쇼펜하우어는 모자챙을 당기고, 시청 앞 광장을 천천히 가로질렀다. 제스퍼는 그의 발치 가까이 걸으며 사람들의 얼굴을 살폈다. 도시는 활기를 되찾고 있었고, 거리에는 책자와 팸플릿을 나눠주는 청년들이 북적였다.

"희망의 시대입니다! 미래는 밝습니다! 과학이 우리를 구원할 것입니다!"

누군가 외쳤다. 한 청년이 쇼펜하우어에게 다가와 팸플릿 하나를 내밀었다. 인쇄된 문구는 이랬다.

"인류는 지금보다 더 행복해질 수 있다. 문명이 발전하면 우리는 고통을 극복하고 완전한 삶에 다가갈 수 있다."

쇼펜하우어는 말없이 그 종이를 접어 제스퍼 머리 위에 내려놓았다. 제스퍼는 앞발로 그것을 치워버렸다. 그 작은 몸짓에는 어떤 명료한 태도가 담겨 있었다.

'낙관주의.' 쇼펜하우어는 천천히 말했다.

"그건 자기기만이야. 세계가 본질적으로 나아지고 있다는 믿음은 인간이 현실을 견디기 위해 만든 가장 큰 환상이거든."

그들은 골목 안 조그만 찻집에 자리를 잡았다. 안에서는 진보적 사상가들과 기자들이 활발히 대화를 나누고 있었다. 그들은 산업화의 진보, 공공교육의 확대, 노동시간의 단축 같은 것들을 언급하며 더 나은 세상을 예측하고 있었다.

쇼펜하우어는 차를 한 모금 마시고 창밖을 가리켰다.

"그들이 말하는 '더 나은 세계'는 단지 의지의 또 다른 얼굴일 뿐이야. 욕망이 더 정교해지고, 충족의 형태가 달라졌을 뿐이지. 고통은 결코 사라지지 않아. 형태만 바뀌는 거지."

제스퍼는 한 기자의 구두 끝을 보고 있었다. 반짝이는 광택, 잘 다듬어진 굽. 그 안에 들어 있는 족적이 궁금했다. 그 신발이 누군가의 땀과 시간을 밟고 만들어졌다는 사실은 아무도 말하지 않았다. 모든 희망은 누군가의 침묵 위에 세워진다.

"사람들은 말하지. 지금보다 더 나아질 수 있다고. 하지만 그들은 말하지 않아. 지금보다 더 나빠질 수도 있다는 걸. 그리고 무엇보다 지금이 왜 고통스러운지 진지하게 묻지 않아."

쇼펜하우어는 잔을 내려놓았다.

"희망은 의지의 가장 교묘한 속임수야. 그것은 우리가 계속해서 움직이게 만들고, 불만족 속에서도 버티게 해. 낙관주의자는 의지의 꼭두각시일 뿐이야. 현실을 직시하지 않는 자가 어떻게 철학할 수 있겠나."

그날 밤 제스퍼는 창틀 위에서 도시에 켜진 불빛을 내려다봤다. 사람들은 집으로 돌아갔고, 내일의 업무를 생각하며 잠들 준비를 하고 있었다. 누구도 자신이 반복되고 있다는 사실을 깨닫지 못했다. 희망이라는 이름의 극장은 매일 같은 대사를 틀어댔고, 관객들은 감동했다.

그러나 제스퍼는 안다. 쇼펜하우어가 말한 것처럼 진짜 희망은 고통이 멈추는 그 순간조차 오지 않을 것이라는 냉혹한 진실 속에서 시작된다.

낙관주의는 인간이 자기 자신을 속이는 방식이다. 내일은 나아질 거라는 믿음이 없으면 지금을 견딜 수 없기 때문이다. 하지만 그 믿음은 진실이 아니다. 그것은 생존을 위한 환상이다. 그리고 철학은 그 환상을 벗기는 일에서 시작된다.

PART 5

미와 예술, 잠시 숨 쉴 틈

고통과 의지의 무한 반복에서 벗어날 수 있는 쇼펜하우어 철학의 유일한 출구, '미적 관조'를 다룬다. 제스퍼는 이 부에서 예술의 순간들이 어떻게 의지를 멈추고, 존재를 조용히 비추는지를 몸소 체험하며 보여준다.

Chapter 21

예술은 의지로부터의 도피

베를린, 1820년. 짙은 회색 외투를 입은 쇼펜하우어가 구텐베르크 홀 콘서트장의 뒷좌석에 조용히 앉아 있었다. 관객들은 웅성이고 있었고, 제스퍼는 그의 발밑에서 앞발을 구부린 채 몸을 웅크리고 있었다. 이 도시에 온 지도 삼 일째. 파리보다 시끄럽고 프랑크푸르트보다 비좁지만, 오늘은 특별한 날이었다. 베토벤의 현악4중주가 연주될 예정이었다. 곡목은 Op. 131. 아직 정식 초연 전이지만, 연주자들이 비공개로 리허설을 허락했다. 쇼펜하우어는 이곡을 기다려왔다. 제스퍼는 그보다 더 오래 기다려왔다.

무대 위로 연주자들이 걸어 들어오고, 현악기가 어깨에 얹히고, 공기 속에 긴장이 돌았다. 첫 음이 울렸다. 피아노도, 마이크도 없는 공간에서 바이올린 하나가 단숨에 모든 고요를 찢었다. 제스퍼의 귀가 움직였다. 쇼펜하우어는 미동도 없었다. 음 하나하나가 부서진 얼음처럼 공간을 채워갔다. 그 소리는 어떤 욕망도, 어떤 목표도 없었다. 단지 흐름. 절박한 움직임이 아닌, 멈춰 있는 파동. 그것은 정지된 것처럼 들리는 유일한 운동이었다.

쇼펜하우어는 중얼였다.

"의지가 없다. 지금 이 순간은 의지가 멈췄다."

그의 눈동자는 흔들리지 않았고, 숨은 얕았다. 철학자는 지금 삶을 생각하지 않았다. 삶이 그를 떠났고, 그는 떠오르는 음의 흐름 속에서 잠시 존재했을 뿐이다. 제스퍼는 쇼펜하우어의 발을 바라보았다. 그는 그 발이 오랫동안 움직이지 않았다는 걸 느꼈다. 사람들은 숨을 죽이고 있었고, 연주자는 눈을 감고 있었다. 그것은 일종의 의식이었다. 음악이라는 형식의 무혈 의식. 누구도 강요하지 않았고, 누구도 부르짖지 않았지만, 모두가 따라들어갔다.

연주가 끝났을 때, 쇼펜하우어는 천천히 눈을 감았다.

"음악은 의지의 직접적 표상이야. 다른 예술이 사물을 통해 의지를 간접적으로 비추는 반면, 음악은 바로 그것의 떨림이지. 그러니 그 음악 안에 있던 우리는, 그 순간만큼은 우리 자신을 잊을 수 있었던 거야."

제스퍼는 그 말을 기록하듯 머릿속에 새겼다. 그는 잠시 눈을 감았다. 그러자 다음 장면이 펼쳐졌다. 오르세 미술관. 19세기 후반의 파리. 제스퍼는 시간을 건너 다시 깨어났다. 벽에 걸린 밀레의 〈이삭 줍는 여인들〉. 사람들이 속삭였다. 누군가 말했다. "이건 슬프지만 고요해. 가난하지만, 절망하지 않아."

쇼펜하우어가 그 옆에 서 있었다.

"이건 표상이지. 여인의 움직임, 구부러진 등, 해 질 녘의 음영. 의지는 제거된 상태야. 욕망은 설명되지 않고, 행동만 남아 있지. 보는 사람은 해석하는 것이 아니라, 가만히 멈춰 서 있는 상태로 이끌리지. 그게 미적 관조야."

제스퍼는 여인들의 손동작을 바라보았다. 그 손은 무엇을 움켜쥐려는 게 아니라, 그저 땅에 닿은 무언가를 옮기고 있었다. 빈손도, 가득 찬 손도 아닌, 중간 어딘가. 그 어정쩡한 균형이 고요를 만들고 있었다.

그 순간, 관람객들 속에서 한 여자가 울고 있었다. 그녀는 눈물의 이유를 몰랐다. 그저 마음이 조용해졌다고만 말했다. 제스퍼는 그 여자의 뒤를 따라가며, 그녀가 정답을 알지 못한 채 올바른 질문에 도달했음을 느꼈다. 그것이 예술의 방식이었다. 설명하지 않고 도달하게 만든다.

시간은 다시 흐르고 제스퍼는 쇼펜하우어와 함께 독일의 작은 숲속 별장에 있었다. 밤이었다. 나무가 바람에 흔들리고 있었고, 창가에서 쇼펜하우어는 플루트를 불고 있었다. 한 손은 악보 위, 다른 손은 공기 속으로 떠돌았다. 그 소리는 음악이라기보다는 숨소리에 가까웠다. 음악은 인간을 고요하게 하지 않는다. 음악은 고요로 되돌리는 힘을 지닌다. 제스퍼는 그날 밤, 쇼펜하우어의 침대 끝에서 이렇게 생각했다.

'고통은 언제나 의지의 움직임에서 온다. 욕망은 밀어붙이고, 성취는 그것을 짧게 끝낸다. 그리고 갈망은 다시 시작된다. 그러나 예술은 그 움직임의 회로를 끊는다. 목표도, 성취도 없는 상태. 오직 존재하는 감각. 예술은 의지의 바깥에 잠시 발을 내딛게 해주는 틈이다.'

그리고 그 틈 안에 인간은 잠시 인간이기를 멈춘다. 그래서 오히려 인간으로서 온전히 존재할 수 있다. 고통이 정지하고, 시간은 흐르지 않는다. 쇼펜하우어는 그것을 '무욕의 순간'이라 불렀고, 제스퍼는 그것을 단 하나의 단어로 기억했다.

숨.

예술은 의지로부터의 도피다. 그러나 그것은 패배가 아니라 휴식이다. 부정이 아니라 전환이다. 그리고 그 전환의 가장 빛나는 문을, 쇼펜하우어는 음악과 그림과 형태의 파편 속에서 발견했다. 제스퍼는 그 모든 장면을 지켜보며 기록했다. 기억보다 선명하게, 개념보다 가볍게. 말이 아닌 감각으로.

예술은 의지를 잠재우는 마법이 아니라, 의지라는 거대한 바람 속에서 한순간 멈추는 호흡이다. 그것으로 충분했다. 그리고 그 숨 하나가 인간을 구원할 수도 있다는 것을, 쇼펜하우어는 알고 있었다.

Chapter 22

왜 고양이는 음악을 좋아할까?

아침 햇살이 숲의 나뭇잎 사이로 떨어질 때, 쇼펜하우어는 작은 등나무 의자에 앉아 있었고, 제스퍼는 그의 무릎 위에서 등을 말고 있었다. 그들이 묵고 있는 산장 근처에는 작은 개울이 흐르고 있었고, 물소리와 바람소리가 교차하며 잔잔한 리듬을 만들고 있었다. 그날은 봄의 중심부에 있는 날처럼 평화로웠다. 그런 날에는 어떤 사유도 자연스럽게 흘러나온다. 쇼펜하우어는 눈을 감고 나직이 플루트를 불기 시작했다.

제스퍼는 귀를 살짝 기울였다. 인간의 언어는 종종 소음을 동반하지만, 이 소리는 달랐다. 일정한 리듬과 간헐적인 고요. 자연과 이어진 듯한 부드럽고 날카롭지 않은 흐름. 그는 눈을 감고도 그 소리의 결을 따라갔다. 새소리와 풀잎의 떨림이 쇼펜하우어의 숨결과 어우러지는 것을 느꼈다.

"왜 고양이는 음악을 좋아하는 걸까?"
쇼펜하우어가 갑자기 말했다. 그 질문은 제스퍼를 향한 것도, 자신을 향한 것도 같았다.

제스퍼는 눈을 반쯤 뜨고 쇼펜하우어를 올려다보았다. 고양이의 표정에는 항상 그럴싸한 비밀이 숨어 있었고, 인간은 그 비밀을 해독하려 애쓰곤 했다.

"고양이는 자연의 일부니까." 쇼펜하우어가 스스로 답했다.

"음악은 자연의 언어야. 우리가 말로는 다다를 수 없는 영역을 음악은 순식간에 건드리지. 음악은 어떤 사물도 말하지 않지만, 모든 사물의 본질을 건드려."

그는 플루트를 다시 들어 짧은 선율을 흘렸다. 새들이 놀란 듯 멈췄다가, 곧 다시 울기 시작했다. 제스퍼는 그 변화의 틈을 느꼈다. 마치 자연이 그 소리를 듣고 응답하는 것처럼. 음악은 단절이 아니라 연속이었다.

"우리가 자연을 들을 때, 사실은 우리 안의 음악적 감각을 깨우는 거야." 쇼펜하우어는 나뭇잎 하나를 들어 햇빛에 비추며 말했다. "저 리듬, 저 떨림, 바람이 가지를 흔드는 반복. 그것도 일종의 선율이지. 네가 음악을 좋아하는 건 네가 리듬에 예민하다는 뜻이고, 그건 곧 너도 의지에서 잠시 벗어날 수 있다는 거야."

제스퍼는 꼬리를 가볍게 움직였다. 그건 동의이자 기분 좋은 인정이었다. 고양이의 몸은 음악에 반응한다. 허공에 떠도는 음이 몸의 긴장을 풀고, 눈을 감게 하고, 세계와의 경계를 흐리게 만든다. 인간이 음악을 듣고 감동한다면, 고양이는 음악을 듣고 존재 그 자체가 된다.

"인간은 절대음감이라는 걸 말하지." 쇼펜하우어가 중얼거렸다. "하지만 고양이는 절대음이 아니라, 절대감각이야. 너희는 소리의 진동 그 자체에 반응하지. 인간이 듣지 못하는 초음역대, 그 낮고 높은 파장들까지도 너희는 듣고, 심지어 느끼지."

그는 고양이의 귀를 살며시 쓸며 말했다.
"너희는 우리가 감지하지 못하는 세계의 떨림을 느끼고, 이해하려 하지 않아. 받아들이지. 인간은 소리를 언어로, 의미로 바꾸려 하고, 음악마저도 구조로 쪼개지. 그런데 너는 듣고, 반응하고, 그걸로 끝이야. 그래서 아름다워."

쇼펜하우어는 말했다.
"우리가 자연을 사랑한다고 착각하는 이유 중 하나는, 사실 자연이 우리에게 어떤 판단도 하지 않기 때문이야. 음악도 마찬가지지. 음악은 우리에게 아무것도 요구하지 않아. 단지 존재하라고 해. 고양이도 마찬가지야. 네가 나를 판단하지 않듯, 나도 네게 음악을 강요하지 않아. 우리는 그저 같이 있는 거지."

그 말에 제스퍼는 몸을 길게 늘이며 하품을 했다. 이 철학자는 종종 음악보다 더 부드럽게 사유했다. 그 사유의 흐름은 강요가 없고,

결론에 매달리지 않으며, 설명 대신 공존을 택했다.

그날 오후, 둘은 나무 아래에서 한참을 앉아 있었다. 아무 말도 하지 않고, 아무것도 하지 않고. 바람이 지나가고, 새가 울고, 플루트가 잠시 공기를 흔들었다. 그리고 고양이는 눈을 감고 다시 그 흔들림 속으로 들어갔다. 의지로부터 멀어진 세계. 음악으로 되돌아간 자연.

왜 고양이는 음악을 좋아할까? 대답은 하나다. 고양이는 인간보다 먼저 의지를 벗어나는 법을 알고 있기 때문이다. 그리고 음악이야말로 그 드문 출구다.

Chapter 23

위대한 예술가의 비밀

늦여름의 파리. 황혼이 몽마르트르 언덕을 천천히 감싸안고 있었다. 제스퍼는 고요하게 돌계단 위를 걷고 있었고, 쇼펜하우어는 루브르에서 빌려온 노트 하나를 무릎 위에 펼쳐 놓고 있었다. 그들은 오늘 하루 동안 레오나르도 다 빈치, 렘브란트, 그리고 밀레의 작품을 차례로 관람했다. 전시장을 나오며 쇼펜하우어는 중얼거렸다.

"예술가는 세상을 보는 눈이 아니라, 세상의 본질을 꿰뚫는 눈을 가진 자야."

제스퍼는 그의 신발 옆에 앉아 몸을 말며 고개를 갸웃했다. 그 말은 짧았지만 뼈가 있었다. 쇼펜하우어는 예술가를 단순한 형상 재현자가 아닌 '이데아의 직관자'로 여겼다. 그는 평생 동안 그것을 주장했고, 오늘도 다시 그것을 확인했다.

"대부분의 사람은 대상을 볼 때 그것의 용도나 가치를 생각하지. 하지만 위대한 예술가는 그렇게 보지 않아. 그는 사물의 표면을 뚫고 본질을 본다. 그것도 욕망 없이, 의지 없이. 그래서 그의 작품은 보편적이야. 시대를 초월해."

제스퍼는 렘브란트의 자화상을 떠올렸다. 그 얼굴에는 슬픔도 희망도 없었다. 다만 깊은 인식의 흔적, 고요한 절망 같은 무채색의 감정이 깃들어 있었다. 고양이는 그런 얼굴을 믿는다. 꾸며지지 않은 눈동자. 목적 없이 존재하는 시선.

쇼펜하우어는 다시 노트에 글을 적기 시작했다. "위대한 예술가는 의지를 벗어난 자야. 그들은 자신을 표현하는 게 아니라, 세계가 자신을 통해 드러나도록 허락한 자들이다. 음악가라면 멜로디가, 화가라면 형상이, 시인이라면 언어가. 그들은 흘러들어오는 본질의 통로야."

그는 고개를 들었다.

"모든 예술가가 그런 건 아니야. 대부분은 인정받고 싶어 하고, 팔리고 싶어 하고, 시대와 타협하지. 그건 의지의 연장이지. 그러나 극소수의 예술가, 진짜 예술가는… 사라지려는 자야."

그는 특히 사랑했던 예술가들을 기억 속에서 꺼냈다. 고전음악 중에서 그는 모차르트를 사랑했다. "모차르트의 음악은 고통을 말하지 않으면서도 고통의 본질을 꿰뚫는다. 그는 인간의 모든 감정을 지나쳐 그 너머의 구조, 순수한 형태를 건드리지." 그는 바흐의 음악 앞에서도 무릎을 꿇듯 고개를 숙였다. "질서와 형식, 신 앞에서 겸손한 인간의 고백. 바흐는 음악이 아니라 형이상학을 쓴 사람이야."

시인으로는 괴테를, 그러나 그의 후반기보다 젊은 시절의 『젊은 베르테르의 슬픔』을 더 높이 평가했다. "그 작품은 아직 이성이 욕망을 다스리기 전의 상태에서 나왔다. 그러니까 더 본능적이고, 더 예술적이지."

그림에서는 벨라스케스를 사랑했고, 티치아노의 색감, 특히 노년기의 자화상에서 보여준 침묵의 얼굴에 깊은 감동을 느꼈다. 쇼펜하우어는 회화를 단순한 시각의 예술로 보지 않았다. 그는 그것을 '움직임 없는 철학'이라 불렀다.

"예술가는 세상을 치유하지 않아. 단지 고통의 구조를 잠시 중지시키지. 그 멈춤의 공간, 거기서 사람은 자기 자신을 처음으로 본다."
그 순간 하늘에 별이 떠오르기 시작했다. 제스퍼는 조용히 생각했다. 인간은 흔히 '표현하고 싶다'고 말한다. 하지만 쇼펜하우어가 본 예술가는 자신을 드러내고자 하는 자가 아니라, 자신을 지우고자 하는 자였다. 자신의 욕망을 소거하고 오직 형식만 남기는 자.

쇼펜하우어는 펜을 놓고 하늘을 올려다봤다. "나는 예술을 통해 단 한 번이라도 의지에서 벗어난 인간의 형상을 볼 수 있었다. 그것만으로도 철학자는 충분히 감사해야 해."

제스퍼는 그의 옆에서 하늘을 올려다봤다. 그 밤의 하늘은 비어 있었고, 그렇기에 무한히 넓어 보였다. 그 공간 속에서 어떤 음악도, 어떤 그림도, 어떤 조형도 다시 태어날 수 있을 것 같았다. 위대한 예술가의 비밀은 바로 그 공간을 만들어내는 능력이었다. 지우고, 멈추고, 비우는 능력.

그리고 제스퍼는 알았다. 쇼펜하우어가 예술을 사랑한 이유는 거기에만 의지로부터 벗어난 인간의 형상이 희미하게나마 존재했기 때문이었다. 그 형상이야말로 철학이 도달하고자 했던 풍경이었다.

Chapter 24

플라톤의 이데아와 쇼펜하우어의 표상

시간은 거슬러 고대 아테네로 흘렀다. 제스퍼는 마블 대리석 바닥을 걷고 있었다. 그의 발 아래엔 플라톤이 산책하며 제자들과 대화를 나누었던 정원이 펼쳐져 있었다. 나무 사이에 걸터앉은 한 노인이 조용히 말하고 있었다. 긴 수염, 맑은 눈, 그리고 흐릿한 태양 빛. 그는 플라톤이었다.

"눈에 보이는 모든 것은 단지 모방일 뿐이네. 이 세계는 진짜가 아니야. 진짜는 저 너머에 있어. 이데아, 즉 사물의 완전한 형상이 있는 그곳 말일세."

제스퍼는 그의 옆에 조용히 앉아 있었다. 고양이지만 그는 질문할 줄 아는 존재였고, 대답을 기다릴 줄 아는 존재이기도 했다. 플라톤은 이상을 말했다. 현실 너머의 완전한 세계를 상정하고, 그 안에서 모든 혼란을 질서로 환원하려 했다.

"동굴 속을 생각해보게. 사람들은 벽에 비친 그림자만을 보며 그게 전부라고 믿고 있어. 태어나서부터 그 그림자만을 보게끔 묶여 있으니 진짜 형상이란 걸 알 수가 없지. 그런데 어느 날, 누군가가 묶인 사슬을 풀고 동굴 밖으로 나가지. 처음엔 빛에 눈이 멀고 고통스럽겠지. 하지만 점점 진짜 사물들을 보게 되고, 마침내 태양을 보게 될 걸세. 그 태양이 바로 진리요, 이데아의 세계야."

제스퍼는 생각했다. 인간은 그림자를 실체라 믿는다. 어쩌면 고양이보다도 훨씬 더 쉽게 속는 존재일지도 모른다.

장면은 흐려졌다. 시간은 다시 흐르고, 제스퍼는 19세기 프랑크푸르트의 서재에 앉아 있었다. 맞은편엔 쇼펜하우어가 있었고, 벽에는 플라톤의 초상화가 걸려 있었다. 쇼펜하우어는 그것을 바라보며 말했다.

"서양 철학은 플라톤의 각주에 불과하다."
그 말은 앨프레드 화이트헤드가 남긴 것이었지만, 쇼펜하우어는 그것을 곧이곧대로 받아들이지도, 단순히 반박하지도 않았다. 그는 플라톤을 깊이 읽었다. 그러나 그를 넘어섰다.

"플라톤은 이데아를 하늘 위에 두었지. 시간과 공간 밖에 있는 완전성으로. 하지만 나는 그 이데아를 이 땅에 끌어내렸어. 이 세계 안에서, 우리 의식 안에서. 우리는 이데아를 멀리 찾을 필요가 없어. 우리가 사물을 의욕 없이 관조할 때, 그 순간 그 사물은 이데아로서 존재하는 거야."

그는 한 장의 그림을 가리켰다. 조르주 드 라 투르의 〈촛불 앞의 마리아 막달레나〉. 어두운 배경 속에서 여인의 얼굴이 촛불에 떠오르고, 머물고, 다시 사라진다. 욕망도 없고, 이야기 구조도 없다. 단지 고요한 표면 위에 떠 있는 형상.

"플라톤은 감각 세계를 경멸했지만, 나는 감각을 통해 표상에 이르렀어. 사물은 그 자체로 진실하지 않지만, 그것을 바라보는 방식이 진실할 수 있어. 플라톤은 세계를 거부했고, 나는 세계를 통과했지."

제스퍼는 이해했다. 플라톤은 도달할 수 없는 원형을 추구했고, 쇼펜하우어는 도달 가능한 순간적 정지를 말하고 있었다. 하나는 형이상학적 탈출이고, 다른 하나는 미적 직관이라는 현실의 문틈이었다.

쇼펜하우어는 덧붙였다.
"우리가 어떤 대상을 보면서 '아, 아름답다'고 말하는 순간이 있어. 그건 우리가 그 대상에 아무 욕망도 개입시키지 않을 때야. 그때 우리는 표상을 마주해. 그것은 플라톤의 이데아처럼 영원한 것이 아니라 찰나에 드러나는 비의야."

그는 창밖을 바라보았다. 담장 위에 피어난 들국화 한 송이가 바람에 흔들리고 있었다. 그 순간 제스퍼는 아무 생각도 하지 않았고, 아무 목적도 떠올리지 않았다. 다만 그 꽃의 존재 자체를 느꼈다. 그것은 표상이었다. 그리고 그 표상 속에, 그는 의지의 흐름에서 벗어나 잠시 머물렀다.

"플라톤의 이데아는 기독교의 천국사상과도 맞닿아 있어. 완전함은 저 너머에 있고, 이 세계는 죄와 불완전의 공간이지. 헬레니즘과 헤브라이즘의 만남은 그렇게 유럽의 사유를 형성했어. 이상은 저 멀리, 이 세계는 고통 속에서 그 이상을 그리워하는 공간으로."

제스퍼는 그 말을 가만히 받아들였다. 고양이는 천국을 상상하지 않는다. 고양이는 지금 여기에 산다. 그러나 인간은 늘 어딘가 다른 세계를 꿈꾼다. 그리고 그 꿈이야말로 철학과 종교의 출발점이다.

쇼펜하우어는 플라톤을 부정하지 않았다. 오히려 그를 철저히 계승했다. 그러나 그는 형이상학을 철학자의 책상에서 삶의 순간으로 옮겨놓았다. 이상은 머나먼 세계에 있는 게 아니라 지금 여기에서, 욕망이 멈춘 시선 안에 있었다.

플라톤의 이데아는 완전함의 그림자였고, 쇼펜하우어의 표상은 불완전함 안의 명료함이었다. 그리고 그 차이는 인간이 세상을 도피하는 방식과 받아들이는 방식의 갈림길이었다.

Chapter 25

미적 직관이 열어주는 구원

조용한 호숫가. 물은 거울처럼 고요했고, 갈대는 바람결에 가볍게 흔들렸다. 쇼펜하우어는 벤치에 앉아 있었고, 제스퍼는 그의 발밑에 조용히 웅크려 있었다. 아무 말도 없는 정적 속에서, 오직 자연의 리듬만이 느껴졌다. 물 위에 햇빛이 번졌고, 갈매기 한 마리가 곡선을 그리며 지나갔다. 그 순간 어떤 말도 필요하지 않았다.

쇼펜하우어가 먼저 입을 열었다.

"제스퍼, 구원은 멀리 있지 않아. 그것은 찰나 안에 숨어 있어. 욕망이 멈추는 그 순간, 우리는 잠시 진짜 우리 자신을 마주 보게 되지."

제스퍼는 눈을 가늘게 뜨고 호숫가를 응시했다. 그의 시야 안에 한 아이가 돌멩이를 던지는 장면이 들어왔다. 물결이 일고, 동심원이 퍼지고, 다시 고요해졌다. 그 단순한 반복 속에 위안이 있었다.

"미적 직관은 그 단순함을 회복하는 거야." 쇼펜하우어는 말을 이었다.

"우리가 사물을 의지 없이, 욕망 없이 바라보는 순간 그것은 더 이상 수단이 아니라 목적이 되지. 그리고 그때 우리는 의지로부터 벗어나. 고통으로부터도."

그는 고개를 돌려 제스퍼를 바라보았다.

"넌 자주 그 상태에 도달하더군. 잠잘 때, 음악 들을 때, 혹은 아무 이유 없이 햇살 아래 누워 있을 때. 인간은 그걸 배우기 어렵지. 너무 많이 원하고, 너무 쉽게 실망하니까."

제스퍼는 기지개를 켜며 몸을 말았다. 고양이는 언제나 순간에 충실하다. 그것이 그의 존재 방식이다. 반면, 인간은 언제나 다른 어딘가를 향해 있다. 지금을 뚫고, 내일을 그리며, 다음을 꿈꾼다. 그래서 그들은 고통 속에 머문다.

쇼펜하우어는 다시 호수를 바라보았다.

"미적 직관은 세계를 바꾸지 않아. 하지만 보는 방식을 바꾸지. 그 순간, 세계는 더 이상 적도 아니고 싸워야 할 것도 아니야. 그냥 존재하는 거지. 그리고 우리는 그 존재와 함께 머무를 수 있어."

그는 어린 시절의 기억을 떠올렸다. 비 오는 날 창밖을 바라보던 소년. 그때 그는 아무것도 바라지 않았다. 그저 빗방울이 유리창을 타고 흐르는 모습을 따라갔다. 그건 슬프지도, 기쁘지도 않았다. 단지 아름다웠다. 어쩌면 그게 그의 첫 철학이었는지도 몰랐다.

"인간은 고통을 통해 철학에 도달하지만, 구원은 고통이 멈춘 자리에서 시작돼. 미는 그 고요를 가능하게 하지. 그래서 나는 예술을 사랑했어. 그리고 자연을."

제스퍼는 천천히 자리에서 일어나 벤치 위로 올라갔다. 쇼펜하우어의 옆에 기대며 몸을 눌렀다. 햇살은 따뜻했고, 그 순간만큼은 아무 욕망도, 아무 결핍도 없었다.

그것이 바로 미적 직관의 순간이었다. 시간은 멈추고, 의지는 잠들고, 존재만이 남는다. 그것은 구원이었다. 영원하지 않지만 충분한. 흔들리지만 진실한. 그리고 무엇보다, 누구나 도달할 수 있는.

그 이후의 철학자들도 그 미적 순간을 물려받았다. 니체는 그것을 '디오니소스적 도취'라 불렀고, 미적 직관의 찰나가 인생의 비극을 견디게 한다고 말했다. 카뮈는 〈이방인〉의 마지막 장면에서 태양이 내려앉는 순간 느낀 고요 속에서 인간이 처음으로 우주의 부조리와 화해한다고 보았다. 베르그송은 예술을 '지속(durée)의 직관'으로 보며, 시간의 압축된 흐름 안에서 삶을 순식간에 포착하게 만드는 힘이라고 했다.

쇼펜하우어는 마지막으로 속삭이듯 말했다.

"고통이 나를 철학하게 했지만, 아름다움이 나를 살아 있게 했지."

그 말은 호수 위로 퍼져나가는 물결처럼 잔잔하게 번졌고, 제스퍼
는 눈을 감았다. 이 세상에 온전한 평온이 있다면 그것은 바로 지금,
이 자리에 있었다.

PART 6

사랑은 왜 고통스러운가?

쇼펜하우어는 사랑을 찬미하지 않는다. 그는 사랑을 '종족 보존의 의지가 가장 교묘하게 작동하는 장치'로 보며, 개인의 감정과 행복이 그 안에서 얼마나 철저히 도구화되는지를 고발한다. 제스퍼는 인간들의 연애와 결혼을 관찰하며, 그 감정의 실체를 본능과 의지의 계략 속에서 파헤친다.

Chapter 26

연애는 종족 보존의 덫

이탈리아 피렌체의 늦은 오후, 아르노강 위로 금빛 햇살이 흐르고 있었다. 제스퍼는 산타 트리니타 다리 난간 위에 조용히 앉아 있었다. 다리 아래 카페에서는 젊은 연인 한 쌍이 와인을 마시며 웃고 있었다. 여자는 손에 꽃을 들고 있었고, 남자는 잔을 기울이며 시를 읊조리고 있었다. 완벽한 연애의 장면, 누가 봐도 영화의 한 장면 같았다. 하지만 제스퍼의 눈은 그 장면을 다르게 보고 있었다.

그는 고개를 돌려 옆자리에 앉은 쇼펜하우어를 바라보았다. 쇼펜하우어는 지팡이를 짚고 다리 아래를 응시하고 있었다. 그의 시선은 낭만이 아니라 구조를 보고 있었다. 그리고 곧 말을 꺼냈다.

"사랑은 생물학이 고안한 가장 정교한 거짓말이야. 종족 보존이라는 본능이 감정의 외피를 뒤집어쓴 형태지."

제스퍼는 고개를 갸웃했다. "지금 저 남자, 여자에게 진심으로 반한 것 같은데."

"그렇지." 쇼펜하우어는 고개를 끄덕였다. "하지만 그 진심은 본능이 명령한 거야. 그는 그녀의 유전형질, 골반 구조, 얼굴의 비율, 그리고 피부의 질감을 평가하고 있어. 자기도 모르게. 그건 성적 충동이 아니라, 미래의 아이를 위한 선택이지. 그는 그녀를 사랑하는 게 아니라, 그녀의 유전적 조합 가능성에 반응하는 거야."

제스퍼는 다시 커플을 바라보았다. 남자의 손이 여자의 손등을 천천히 쓰다듬고 있었다. 그 부드러운 움직임도 의지의 사슬이라는 말인가? 제스퍼는 생각에 잠겼다.

쇼펜하우어는 말을 이었다.
"모든 연애는 착각으로 시작해서 후회로 끝난다. 사랑이라는 감정은 그 착각을 더 강하게 유지하기 위한 도구일 뿐이지. 의지는 자기 목적을 위해 우리를 이용해. 우리는 그저 그 목적을 실행하는 도구에 불과해."

그 순간 다리 건너편에서 결혼사진을 찍는 커플이 나타났다. 웨딩드레스를 입은 여자는 바람에 머리를 흩날리며 웃었고, 남자는 그녀의 허리를 감싸안았다. 카메라 플래시가 터졌고, 제스퍼는 그 장면을 정지된 액자처럼 응시했다.
"저들도 덫에 걸린 건가?"

쇼펜하우어는 미소를 지었다.

"아주 깊이. 종은 그들을 부른 거야. 그들은 자기들끼리 선택한 것처럼 느끼겠지만, 그건 유전자의 호출에 따른 반응일 뿐이지. 그들이 원하는 건 서로가 아니라, 서로가 만들어낼 다음 세대야."

제스퍼는 갑자기 기억이 떠올랐다. 런던의 어느 골목에서 젊은 화가가 여인을 위해 매일 장미를 바구니째 사다 바쳤던 적이 있다. 여인이 떠난 후, 그는 몇 달 동안 그림을 그리지 못했다. 마치 존재의 동력이 사라진 것처럼. 그 고통은 진짜였고, 사랑도 진짜 같았다. 하지만 쇼펜하우어의 이론으로 본다면, 그 역시 유전적 투자에 실패한 생물학적 후유증이었다는 말인가.

"그러면 사랑의 슬픔도 다 본능의 후폭풍인가?"

"그렇다. 의지는 실패한 계획에 대해서도 감정을 이용해 우리를 괴롭혀. 그래야 다시 시도하니까. 후회, 미련, 질투, 애착—전부 의지의 지속 장치야. 고통을 주면 인간은 멈추지 않고 계속 그 목표를 추구하거든. 마치 실패한 포식자가 더 굶주린 것처럼."

제스퍼는 그 말에 가만히 눈을 감았다. 바람은 따뜻했고, 강물은 여전히 흐르고 있었다. 사랑이라는 이름의 감정이 사실은 종의 전략이었다면, 그 안에서 진심을 말하던 사람들은 모두 연극배우일 뿐이었다.

쇼펜하우어는 마지막으로 말했다.

"인간은 사랑이 위대하다고 믿고 싶어 해. 그래야 자기 고통이 의미 있어 보이니까. 하지만 진실은 그 반대야. 연애는 고통을 감추기 위해 의지가 마련한 가장 달콤한 함정이지."

제스퍼는 다리 난간에서 뛰어내려 쇼펜하우어의 어깨 위로 올라탔다. 그 둘은 천천히 다리를 건넜고, 피렌체의 석양은 그들을 붉게 물들였다. 인간은 여전히 사랑을 노래하고 있었고, 쇼펜하우어는 그 노래의 코드에 숨은 본능의 음표를 듣고 있었다.

연애는 종족 보존의 덫이다. 달콤한 말, 설레는 시선, 기적 같은 만남—모두 생명이라는 오래된 설계도가 만들어낸 유혹의 언어일 뿐이다. 그리고 제스퍼는 그 덫을 멀리서 바라보며 인간이 그토록 갈망하는 사랑이 사실은 의지의 또 다른 얼굴임을 조용히 깨달아갔다.

Chapter 27

사랑은 생물학적 환상이다

한겨울의 프랑크푸르트. 쇼펜하우어의 거실에는 불이 거의 꺼져 있었고, 창밖에는 눈이 내리고 있었다. 제스퍼는 난롯가의 양탄자 위에서 몸을 말고 누워 있었다. 쇼펜하우어는 책상 앞에서 잉크 냄새가 배인 편지 한 장을 손에 쥐고 있었다. 몇 분 전, 그는 편지를 읽고 아무 말 없이 불 속에 던져 넣었다. 종이는 천천히 타올랐고, 그의 표정은 더 차가워졌다.

"감정이라는 것은 결국 생물학이 우리를 속이기 위해 만들어낸 환상에 불과하지."

그의 목소리는 마치 오래된 바이올린처럼 마르고 낮았다. 제스퍼는 천천히 고개를 들었다. 쇼펜하우어는 방금 그 말을 꺼내기 위해 몇 시간이나 침묵을 견뎌왔던 것처럼 보였다.

"여성은 본능의 신호에 가장 충실한 존재지. 그들은 결코 개인을 사랑하지 않아. 단지 강한 유전자를 선택할 뿐이야."

제스퍼는 그 말의 뒷배경을 알았다. 쇼펜하우어는 젊은 시절, 한 여인에게 마음을 준 적이 있었다. 그녀의 이름은 테레제. 지적인 여성으로, 시를 쓰고 철학에도 관심이 많았다. 그들은 몇 번 함께 산책을 했고, 편지를 주고받았으며, 쇼펜하우어는 그녀에게 작은 책까지 선물했다. 그러나 어느 날 그녀는 아무 말 없이 사라졌다. 그리고 몇 달 후, 그는 그녀가 프랑크푸르트의 부유한 상인과 결혼했다는 소식을 들었다.

그 사건 이후, 그는 사랑이라는 개념에 회의를 품기 시작했다. 그는 테레제가 자신을 버린 것이 아니라, 더 나은 경제적 조건과 안정된 유전자의 '보금자리'를 택한 것이라고 해석했다.

"여성은 순간적인 감정에 이끌리는 것이 아니라 번식 전략에 의해 움직인다. 그들은 본능적으로 후손에게 가장 유리한 자를 선택해. 그리고 그 선택이 '사랑'이라는 이름으로 미화될 뿐이지."

쇼펜하우어는 1851년 발표한 글에서 노골적으로 말했다.

"여자는 완성된 인간이 아니라, 자연이 종족 보존을 위해 조형한 존재이다. 그녀들은 강한 남성을 선호하며, 나약함보다는 생존 가능성을 직감으로 감지한다."

제스퍼는 쇼펜하우어가 여성을 혐오했다고 단정하진 않았다. 오히려 그는 여성이라는 개체를 향한 분노가 아니라, '자연이 그것을 설계한 방식'에 대한 증오에 가까운 감정을 가지고 있었다. 그에게 있어 여성은 욕망의 정점이자, 그 욕망을 조종하는 구조의 상징이었다.

"사랑은 본능의 환상이고, 여성은 그 환상을 구체화하는 매개야."

쇼펜하우어는 혼잣말하듯 말했다.

그러나 제스퍼는 알았다. 이 철학자에게 여성은 공포였다. 이해할 수 없고, 예측할 수 없으며, 그가 통제할 수 없는 '타자'였다. 그는 자신의 철학적 시스템으로 세계를 이해하고 싶어 했고, 사랑이라는 감정이 그것을 와해시키는 순간을 몇 번이나 경험했기에, 여성이라는 존재 전체를 하나의 '자연의 장치'로 환원시키고 싶어 했던 것이다.

제스퍼는 쇼펜하우어의 다리 옆에 다가가 몸을 부비며 생각했다. 철학자는 사랑을 감정이라 부르지 않는다. 그것은 의지의 명령이고, 생물학의 전략이다. 그러므로 거기에 진실된 낭만은 없다. 단지 종족 보존을 위한 생존의 프로그래밍이 있을 뿐이다.

그날 밤, 눈은 멈추지 않았고, 쇼펜하우어는 아무것도 쓰지 않았다. 그는 오직 과거를 응시했다. 제스퍼는 그가 잊지 못한 이름, '테레제'가 사실 철학보다 더 오래 남을 수 있다는 사실을 알아차렸다.

사랑은 생물학적 환상이다. 아름답게 포장된 전략이고, 고통의 구조 위에 놓인 무대 장치다. 그리고 쇼펜하우어는 그 무대를 철저히 걷어내고 싶어 했던 단 한 사람일지도 몰랐다.

Chapter 28

이상형? 의지의 전략일 뿐

제스퍼는 비엔나의 카페 슈페를버그에서 테이블 아래에 앉아 있었다. 고양이로서 그는 늘 탁자 밑 풍경을 관찰하곤 했다. 사람들의 신발과 다리, 헛기침과 웃음소리, 그리고 특히 연인의 무릎 사이에 흐르는 미묘한 긴장을 읽는 데 능했다. 지금 그의 앞 테이블에서는 젊은 남녀가 커피잔을 사이에 두고 앉아 있었다. 남자는 약간 굽은 어깨에 말수가 적은 인문학도처럼 보였고, 여자는 깔끔한 옷차림에 길고 섬세한 손을 지닌 사람이었다. 서로가 서로를 '이상형'이라 불렀다. 제스퍼는 그 말에 귀가 쫑긋했다.

쇼펜하우어는 바로 그 순간 카페로 들어섰다. 제스퍼는 자연스럽게 그의 발치로 몸을 옮겼다. 쇼펜하우어는 말없이 창가 자리에 앉았다. 그는 주문을 받으러 온 종업원에게 커피 대신 따뜻한 우유를 시키며 낮게 중얼거렸다.

"인간은 이상형을 찾는다고 착각하지. 하지만 사실은 의지가 그들에게 '이런 형질이 필요하다'고 명령하는 거야. 사랑에 빠질 때 우리는 상대방을 보고 있는 게 아니라, 미래의 자식을 그리고 있어.”

그 말은 제스퍼에게 낯설지 않았다. 쇼펜하우어는 인간의 연애를 의심하고, 이상형이라는 개념을 철저히 해체해왔다. 그의 주장에 따르면 우리가 이상형이라 여기는 외모, 성격, 체형, 심지어 냄새까지도 모두 유전적 조합을 위한 ‘계산된 매력’일 뿐이었다.

“예를 들어보자.” 쇼펜하우어는 조용히 말했다.
“어깨가 좁은 남자는 본능적으로 엉덩이가 큰 여자를 선호한다. 왜냐하면 그것이 자식에게 유리한 골반 구조를 보완해주기 때문이다. 반대로 키가 큰 여자는 자신보다 작고 안정적인 남자에게 끌릴 수 있다. 이건 전부 유전자들이 서로 균형을 맞추려는 전략이야.”
제스퍼는 카페 안을 다시 둘러봤다. 어느 구석에선 젊은 화가가 모델에게 스케치를 보여주며 웃고 있었고, 중년의 남자는 은근한 눈길로 옆 테이블의 여인을 바라보고 있었다. 겉으로는 우연과 낭만으로 포장된 모든 ‘끌림’이, 실은 생존과 번식의 계산이었단 말인가.

“우리에게 아름답게 보이는 것은 사실 생식에 유리한 조건일 뿐이야.” 쇼펜하우어는 말을 이었다. “높은 광대뼈, 맑은 피부, 비율 좋은 신체. 모두 건강한 후손을 낳을 확률이 높은 신호지. 우리가 말하는 ‘이상형’은 의지의 목록일 뿐이다.”

그러나 제스퍼는 질문을 던지고 싶었다. 그렇다면 왜 어떤 사랑은 끝내 이뤄지지 못해도 평생의 기억으로 남는가? 왜 사람들은 논리적으로 맞지 않는 사람에게 끌려 고통을 반복하는가?

쇼펜하우어는 그런 질문을 알고 있다는 듯 고개를 끄덕였다.

"그건 의지가 더 큰 실험을 하는 거야. 강한 유전적 결합을 위해 인간의 감정을 불태우는 거지. 실패해도 상관없어. 의지는 그중 일부만 성공하면 되니까. 사랑은 개인의 행복을 위한 게 아니라, 종의 전략을 위한 연기야."

카페의 피아노가 조용히 쇼팽의 '녹턴'을 연주하기 시작했다. 제스퍼는 멍하니 음악을 들으며 생각에 잠겼다. 인간은 자신이 '이상형'을 선택한다고 믿는다. 하지만 어쩌면, 진짜로는 '선택당하고' 있는 것이다. 내면 깊숙한 유전자의 기획서에 따라 움직이고, 욕망하고, 심지어 후회하고 있다.

쇼펜하우어는 마지막으로 말했다.

"이상형이란 건 네가 만든 게 아니야. 그것은 네가 지닌 의지가 만들어낸 틀이고, 넌 그 안에 끌려다니는 것뿐이지. 의지는 똑똑해. 그래서 우리는 그걸 사랑이라고 착각하지."

제스퍼는 고개를 숙였다. 이상형—그 말은 더 이상 아름답지 않았다. 그것은 외적인 기준도, 인격적 매력도 아닌 무의식의 프로토콜이었다. 그리고 인간은 그 안에서 자유롭다고 믿는다. 참으로 완벽한 덫이었다.

그래서 쇼펜하우어는 사랑 앞에서도 웃지 않았다. 그리고 제스퍼는 그 웃지 않는 얼굴을 오래 바라보았다.

Chapter 29

결혼은 의지의 계약서

베를린의 늦가을. 제스퍼는 프리드리히 슈트라세의 한 오래된 결혼식장 계단 위에 앉아 있었다. 붉은 카펫 위를 걸어 올라가는 하객들의 구두 소리가 계단을 울렸다. 예식장 안에서는 바이올린의 감미로운 선율이 흐르고 있었고, 촛불은 가느다란 바람에도 흔들렸다. 오늘은 한 남자와 여자가 인간이라는 종이 수천 년간 유지해 온 제도 아래에서 '의지의 계약'을 체결하는 날이었다.

쇼펜하우어는 그 예식장을 일부러 찾아왔다. 초대받은 손님도 아니었고, 지인의 결혼도 아니었다. 그는 단지 '결혼'이라는 현상을 철학적으로 관찰하기 위해 이곳에 왔다. 제스퍼는 그를 따라 조용히 예식장 복도 끝자락에 앉았다. 하객들의 박수, 신부의 눈물, 신랑의 입꼬리, 전부 의심스러운 풍경이었다.

"결혼은 의지의 가장 거대한 덫이지." 쇼펜하우어가 낮게 말했다.

"개인의 행복은 이 제도 안에선 전혀 고려되지 않아. 오직 종족 보존만이 궁극의 목적이지. 이건 계약이야. 욕망이 공식화된 서류일 뿐."

그는 결혼을 로맨틱한 제도로 보지 않았다. 결혼은 사랑의 정점이
아니라 사랑이라는 환상이 식고 의지가 본색을 드러내는 지점이라고
믿었다. 그것은 열정의 종착지이자, 본능이 법적으로 제도화되는 순
간이었다.

제스퍼는 한 연인의 모습을 떠올렸다. 파리에서 만났던 그 커플은
한때 불타는 열정으로 서로를 갈망했지만, 결혼 후 2년도 지나지 않
아 서로를 피해 다녔다. 남자는 침묵했고, 여자는 밤마다 창가에서
혼자 와인을 마셨다. 그들이 나눈 약속은 이제 하나의 서류로만 남
아 있었고, 그 서류가 유지하는 것은 감정이 아니라 '의무'였다.

쇼펜하우어는 말했다.
"결혼은 인간이 스스로 만든 계약이 아니야. 그것은 종족이 개인
에게 부과한 명령이야. 인간은 사랑한다고 생각하지만 의지는 자손
을 만들고, 기르고, 유전자를 남기라고 강요하지. 결혼은 그 강요를
제도화한 장치야."

그는 자신의 글에서 결혼을 이렇게 표현한 적이 있다.
「결혼은 인간에게 부과된 형벌이다. 그것은 사랑이라는 미명 하에
책임과 고통과 반복을 지워놓는 구조다. 신혼의 열정이 곧 끝나고 남

는 것은 질병, 가난, 육아, 반복되는 싸움뿐이다.」

제스퍼는 그 말이 과장이라 느껴지지 않았다. 인간은 자신들이 만든 제도 안에서 도리어 자유를 잃는다. 결혼은 그 대표적인 예였다. 남자와 여자는 서로를 소유하려 하며, 동시에 서로에게 소유당한다. 감정은 법적 구속력으로 대체되고, 의무는 사랑보다 오래 남는다.

"왜 사람들은 이 계약을 반복하는 걸까?" 제스퍼가 눈빛으로 묻자, 쇼펜하우어는 조용히 답했다.
"왜냐하면 의지는 단 한 번도 개인의 행복에 관심이 없었으니까. 오직 종족의 생존만을 염두에 두었지. 결혼은 그 의지를 유지하기 위한 가장 오래된 장치야. 그래서 종교도, 법도, 문화도 그것을 지지해."

그는 결혼식장의 기념촬영 장면을 바라보았다. 신랑과 신부는 입가에 미소를 걸었지만, 제스퍼는 그 안에서 어색한 경직을 느꼈다. 그 미소는 예감이었다. 이제 시작될 무거운 역할극에 대한 예의. 사랑은 여기서 끝났고, 의무가 그 자리를 대신할 시간이었다.

결혼은 의지의 계약서다. 감정은 서명되지 않고, 사랑은 보증되지 않는다. 오직 법적 책임만이 기록되고 생물학적 목적만이 계속된다. 그리고 쇼펜하우어는 이 계약을 거부한 철학자였다. 그는 혼자 살았고, 그 외로움을 감내했고, 끝끝내 결혼을 하지 않았다. 그것은 반항이 아니라 선택이었다.

제스퍼는 그의 곁을 따라 조용히 예식장 밖으로 걸어 나왔다. 눈발이 다시 흩날리고 있었고, 도시에는 또 다른 결혼식이 시작되고 있었다. 의지는 여전히 작동하고 있었고, 사랑이라는 이름으로 계약서가 써지고 있었다.

Chapter 30

왜 연민이 모든 도덕의 뿌리인가?

늦겨울의 함부르크 항구. 칼바람이 강물을 때리고 뱃고동 소리가 안개 속으로 울려 퍼졌다. 제스퍼는 선착장 끝에 앉아 있었다. 꼬리를 바짝 말고, 그 어떤 발소리도 놓치지 않겠다는 듯 귀를 세웠다. 그의 눈앞엔 거센 바람에 밀려 비틀거리는 노인이 있었다. 한 손에는 찢어진 쇼핑백, 다른 손엔 쥐고 있던 사과 몇 알. 그 중 하나가 바닥에 떨어졌다. 노인은 허리를 숙이지 못했다. 지켜보던 사람들은 지나갔다. 누구도 멈추지 않았다.

제스퍼는 조용히 쇼펜하우어를 향해 시선을 돌렸다. 그는 근처 벤치에 앉아 있었다. 작고 낡은 공책을 손에 쥐고 눈을 가늘게 뜬 채 방금 전 장면을 지켜보고 있었다.

"도덕의 뿌리는 어디에 있는가?" 쇼펜하우어가 낮게 물었다.
"신의 계율인가, 사회의 규칙인가? 아니면 계산된 이익의 교환인가?"

그는 고개를 저었다. "아니야, 진짜 도덕은 오직 하나에서 시작돼. 그것은 연민, 즉 타인의 고통을 자기 고통처럼 느끼는 능력이야."

그는 천천히 자리에서 일어나 노인에게 다가갔다. 떨어진 사과를 주워 다시 손에 쥐어주었다. 노인은 말없이 고개를 끄덕였다. 감사의 말도, 미소도 없었지만 그 짧은 동작은 전율처럼 전해졌다.

쇼펜하우어는 다시 제스퍼 곁으로 돌아와 앉았다.
"우리는 이기적인 동물이지. 그걸 부정하진 않아. 하지만 연민은 이상하게도 이기심과 충돌하는 감정이야. 내가 아닌 타인의 고통 앞에서 우리는 이유 없이 멈춘다. 그 순간만큼은 내가 아니라 '그 사람'이 되는 거야."

그는 말을 이었다.
"가짜 도덕은 보상을 바란다. 덕을 쌓아 천국에 가려 하고, 사회적 칭찬을 받으려 한다. 하지만 진짜 도덕은 조용하다. 연민은 계산하지 않는다. 그냥 마음이 움직여서 행동하는 거야."

제스퍼는 기억을 더듬었다. 어느 추운 밤, 자기가 찾은 담요 한 조각을 병든 새끼 고양이에게 양보했던 기억. 그 순간 배는 고팠지만 마음은 평온했다. 아무도 보지 않았고 칭찬도 받지 못했지만, 그저 옳다고 느꼈다. 그것은 연민이었다. 그리고 분명히 도덕이었다.

"왜 철학자들은 복잡한 윤리 체계를 세우면서도 이 단순한 진리를 잊는 걸까?"

쇼펜하우어는 혼잣말하듯 말했다.

"연민은 설명하기 어렵기 때문에 무시돼. 하지만 도덕이란 복잡한 개념이 아니라 그런 단순한 공감에서 출발해야 하는 거야."

그는 과거를 떠올렸다. 칸트는 이성을 통해 의무를 말했고, 밀은 '최대 다수의 최대 행복'을 따졌다. 하지만 이성은 너무 늦고, 행복은 너무 멀다. 연민만이 즉각적이고 감각적이며, 본질적으로 윤리적이다.

"우리가 서로의 고통을 감각할 수 있을 때만 인간은 인간이 되는 거야. 그게 없다면 우린 그냥 계산하는 기계일 뿐이야."

바람이 조금 약해졌다. 강물 위로 햇살이 한 줄기 스며들었다. 노인은 이미 사라졌고, 항구는 여전히 분주했다. 하지만 그 순간 제스퍼는 세상이 잠깐 조용해졌다는 걸 느꼈다. 그 침묵은 도덕의 출발점이었다.

연민. 그것은 고통을 덜어주는 마음이 아니라, 고통을 함께 느끼려는 태도다. 그리고 쇼펜하우어는 철학이 아무리 복잡해져도 그 단 하나의 감정만이 진짜 윤리를 만들 수 있다고 믿었다. 제스퍼는 그 믿음을 조용히 받아들였다.

PART 7

동양, 의지의 해독제

쇼펜하우어 철학의 이례적 특색 중 하나는 동양 사상, 특히 불교와 힌두교에 대한 깊은 공감이다. 그는 고통과 집착의 순환을 끊는 길을 '의지의 부정'이라 보았고, 그 해독제가 바로 동양에서 왔다고 느꼈다. 제스퍼는 PAER 7에서는 인도와 동아시아를 넘나들며, 고요하고 심오한 사유의 풍경 속으로 들어간다.

Chapter 31

불교는 왜 쇼펜하우어를 사로잡았나

인도 바라나시. 갠지스강가에는 안개가 깔려 있었고, 먼동이 트기 직전의 어둠은 모든 사물의 경계를 흐리게 만들고 있었다. 제스퍼는 강가의 계단 위에 조용히 앉아 있었다. 무수한 인간들이 강물에 들어가 몸을 씻고 있었고, 어딘가에서는 범종 소리가 울렸다. 이른 아침의 냄새, 젖은 흙, 타는 향, 그리고 기도하는 사람들의 눈빛이 묘하게 어우러져 있었다. 쇼펜하우어는 그 옆에 앉아 조용히 손가락을 깍지 낀 채 사유에 잠겨 있었다.

그는 여정을 위해 독일에서 책이 아닌 몸으로 이곳까지 왔다. 고통의 본질이 철학의 문장 속이 아니라 사람들의 삶 속에 스며 있다는 것을 그는 직감하고 있었다. 제스퍼는 쇼펜하우어의 침묵이 더는 무지에서 오는 것이 아니란 걸 알고 있었다. 그것은 이미 너무 많이 알아버린 자의 침묵이었다.

"불교가 내 철학보다 먼저 내가 말한 것을 이미 말했더군." 쇼펜하우어가 낮게 말했다. "삶은 고통이다. 그것이 시작이고, 그것이 끝이다. 고통은 존재의 구조이며 그것은 의지의 다른 이름이지."

제스퍼는 그 말에 갠지스강에 몸을 던지는 승려의 실루엣을 겹쳐 보았다. 해탈을 위한 목욕, 그 물은 단순한 강이 아니라 고통을 씻어 내려는 수천 년의 몸짓이 담긴 공간이었다. 쇼펜하우어는 불교가 신을 말하지 않는다는 점에 깊이 매혹됐다. 신 없는 종교, 형이상학 없는 형이상학. 불교는 '무'를 중심에 두고 있었다.

그가 처음 불교와 만난 건 우연히 접한 동양철학 텍스트 덕분이었다. 그중에서도 『우파니샤드』와 『바가바드 기타』는 인도의 형이상학적 사유를 보여주었고, 중국의 노장사상—『도덕경』과 『장자』—는 세속을 비껴가는 삶의 태도를 가르쳤다. 그러나 그 무엇보다 그를 사로잡은 것은 불교의 『법구경』이었다. 그는 그 경전의 문장 하나하나를 밑줄치며 읽었다.

"모든 것은 지나간다. 그대도 그러하리라." 그 말은 그 어떤 형이상학보다도 진실하게 들렸다.

"욕망이 있는 한 고통은 사라지지 않아. 존재하는 것 자체가 의지의 발현이고, 그 의지가 우리를 끊임없이 굴리고 있지. 불교는 그 끊김을 말해. 니르바나, 무욕, 해탈. 그건 단순한 죽음이 아니야. 그것은 의지의 중단이지."

쇼펜하우어는 고개를 들어 바라나시의 하늘을 올려다봤다. 시신을 태우는 장작더미 위로 무수한 연기가 피어오르고 있었다. 그것은 삶의 마지막이었지만 동시에 욕망의 소멸이었다. 불교는 죽음을 두려워하지 않는다. 오히려 그것을 안고 삶을 끝내는 데 그 의미를 둔다.

"기독교는 고통을 신의 시험으로 여기고, 구원은 외부에서 온다고 믿지. 하지만 불교는 고통의 원인을 스스로에게서 찾아. 그리고 해답도 스스로 멈추는 데서 시작돼."

제스퍼는 노승 하나가 아무 말 없이, 쓰러진 개에게 밥 한 그릇을 놓고 가는 모습을 지켜보았다. 무위, 자비, 절제. 그것은 화려하지 않았지만 진실했다. 불교의 언어는 논리가 아니라 행동이었다. 쇼펜하우어가 그토록 원했던 철학의 구현이었다.

"서양 철학은 고통을 해명하려고만 해. 하지만 불교는 고통을 멈추려 하지. 그것이 내가 이 종교에 고개를 숙인 이유야. 그들은 철학자가 아니라 수행자니까."

그는 붓다라는 존재의 인간적 매력에도 매혹되었다. 기적을 보여주지 않고, 신화를 팔지도 않았으며, 오히려 고통을 인정하고 그것에서 해탈하는 길을 걸었던 인간. 붓다는 철학자도 종교지도자도 아닌, 그저 자신이 이해한 것을 그대로 삶으로 살아낸 존재였다. 그 점에서 쇼펜하우어는 철학자가 아니라 붓다처럼 '살아낸 자'를 동경했다.

"붓다가 말하길 불은 스스로 꺼질 수 있다 했지. 누군가 *끄는* 것이 아니라 연료가 다하면 저절로 꺼지는 거야. 욕망이 연료이고 의지가 불꽃이지. 불교는 그 연료를 줄이고, 결국 불을 *끄는* 길을 제시한 거야. 얼마나 아름다운가."

제스퍼는 다시 갠지스강을 내려다보았다. 수많은 욕망과 죽음, 고통과 기도가 뒤섞인 풍경. 쇼펜하우어는 그곳에서 철학이 아니라 해탈의 미학을 보고 있었다.

불교는 쇼펜하우어를 사로잡았다. 그것은 단지 동양에 대한 낭만이 아니라 고통과 의지를 똑같이 바라보는 눈의 만남이었다. 그는 불교에서 철학의 이론이 아니라 철학의 실천을 보았고, 그것이야말로 진짜 철학자의 자리에 가장 가까운 태도라고 믿었다.

Chapter 32

브라만과 아트만의 세계

인도 남부의 깊은 숲속, 탄자부르 외곽의 어느 사원. 제스퍼는 커다란 바위 위에 앉아 있었다. 햇살은 빽빽한 나무들 사이로 흐르고 있었고, 바람은 나뭇잎을 흔들며 낮은 명상 소리처럼 속삭였다. 사원 안에서는 흰 옷을 입은 사두 한 명이 천천히 만트라를 외고 있었다. 그의 목소리는 울림이 아니라 숨결에 가까웠다. 제스퍼는 조용히 귀를 기울였다. 쇼펜하우어는 그 옆에 무릎을 꿇고 앉아 있었다.

"Tat tvam asi." 사두는 말끝을 길게 빼며 읊조렸다.

"그대는 그것이다."

제스퍼는 고개를 갸웃했다. 그것이 무엇이며 그대는 또 누구란 말인가? 쇼펜하우어는 사두의 뒤를 바라보다가 조용히 입을 열었다.

"저 말은 아주 오래된 표현이지. 인도 철학의 핵심이기도 해. 브라만, 즉 세계의 본질은 아트만, 즉 개인의 본질과 다르지 않다는 선언이야. 곧 우주와 나, 전체와 개인은 결국 하나라는 말이지."

그는 천천히 말을 이었다.

"플라톤이 이데아를 말하고 데카르트가 자아를 말했지만, 인도는 처음부터 이 둘을 일치시켰지. '나는 존재한다'가 아니라, '나는 전체다'라는 인식. 그것이 브라만과 아트만의 일치고, 내가 말한 '표상'과도 연결돼."

제스퍼는 사두가 돌 위에 그려놓은 '옴' 기호를 바라보았다. 그것은 곡선, 점, 곡선, 다시 점으로 이어진 단순한 그림이었다. 하지만 그 단순함 안에 무한한 세계가 담겨 있었다. 사두는 갑자기 말을 멈추고 제스퍼를 바라보았다. 그리고 손가락으로 사원 뒤편의 논밭을 가리켰다. 그곳엔 농부 한 명이 삽을 들고 일하고 있었다. 땀에 젖은 셔츠, 벌겋게 그을린 피부, 힘겨운 호흡.

"저 농부는 너와 다르지 않다." 사두가 말했다.

"네 몸은 작고 그의 몸은 크지만, 숨은 같고, 고통은 같고, 의식은 같다. 네 안의 아트만이 그 안의 아트만과 다르다고 느끼는 건 착각이다. 그 착각이 세계를 갈라놓는다. 그러나 사실 모든 고양이, 모든 인간, 모든 존재는 하나의 의식 안에서 움직이는 거다."

쇼펜하우어는 고개를 끄덕였다.

"내가 말한 의지는 각각의 생명체를 움직이는 동력이지. 하지만 그 의지가 흘러가는 방향은 결국 하나야. 수많은 개체가 있다 해도 본질은 하나. 브라만은 그 본질이고, 아트만은 그것을 자각하는 주체지. 그래서 둘은 다르지 않아."

제스퍼는 머릿속이 이상하게 조용해지는 걸 느꼈다. 그는 언젠가 어느 비 오는 날, 어느 노파가 자기를 품에 안아준 기억을 떠올렸다. 그녀는 말을 하지 않았고 이름도 몰랐다. 하지만 그녀가 안고 있는 순간, 제스퍼는 자신이 작지 않다고 느꼈다. 마치 세상이 한 번에 안으로 들어온 것 같은 기이한 충만감. 그것이 어쩌면 아트만과 브라만이 만나는 지점이었는지도 몰랐다.

쇼펜하우어는 천천히 자리에서 일어나 말했다.
"내 철학이 말한 표상, 의지, 고통, 그리고 미학적 구원. 그 모든 사유는 사실 이 오래된 인도 철학의 다른 표현일지도 몰라. 다만 서양은 이걸 개념으로 말했고, 동양은 삶으로 보여줬을 뿐이지."

그들은 사원을 떠나며 잠시 뒤를 돌아보았다. 사두는 여전히 조용히 앉아 있었다. 그의 호흡은 바람과 같았고, 눈은 감겨 있었지만 모든 것을 보고 있는 것처럼 느껴졌다.

브라만과 아트만. 우주와 개인. 존재의 중심에서 가장 고요한 깨달음이 뿜어져 나왔다. 제스퍼는 그날 이후 더 이상 세상을 낯설게 보지 않았다. 나무도 나였고, 새도 나였고, 저 멀리 울리는 북소리도 그의 가슴 안에서 울리고 있었다.

　브라만은 전체다. 아트만은 그 전체를 알아보는 눈이다. 그리고 쇼펜하우어는 그 눈을 철학이라 불렀다.

Chapter 33

욕망 없는 삶은 가능한가?

네팔의 작은 수도원. 안나푸르나 자락 아래 자리한 이곳은 외부 세계와 단절된 듯 고요했다. 해발 2,000미터가 넘는 고지대에 위치한 수도원은 회색 돌담과 붉은 천 깃발로 둘러싸여 있었고, 아침이면 티베트식 염주를 쥔 수도자들이 마당을 빙글빙글 돌며 침묵 속에 기도했다. 제스퍼는 그런 그들 사이를 유령처럼 유영했다. 숨소리 하나, 발자국 하나 허투루 내지 않았다. 이곳은 '욕망 없는 삶'의 실험실이었다.

쇼펜하우어는 수도원의 낡은 방 한구석에서 두터운 겨울 외투를 입고 앉아 있었다. 그의 손엔 공책 한 권, 그 위엔 단 하나의 문장만이 적혀 있었다. "욕망은 고통이다. 멈추면 존재도 멈추는가?"

"인간은 태어나는 순간부터 갈망한다." 그는 중얼거렸다.

"먹고, 사랑하고, 인정받고, 남기고, 그리고 죽는다. 그 전 과정은 오직 하나의 힘, 의지에 의해 움직이지. 의지를 멈추면 인간은 더 이상 인간일까?"

수도원 뒤편의 바위 언덕에선 어느 노승이 아침 명상을 마친 뒤, 조용히 아래로 내려오고 있었다. 제스퍼는 그의 발밑으로 다가갔다. 노승은 잠시 멈춰 제스퍼를 내려다봤고 미소 지었다. 말은 없었다. 하지만 그 침묵엔 강한 확신이 담겨 있었다. 그는 이미 욕망을 끊는 법을 실천 중이었다. 아주 오래된 수행자들은 육체의 감각마저 통제했다. 단식, 침묵, 고행, 반복되는 의식—그 모든 것이 의지를 탈진시키기 위한 것이었다.

쇼펜하우어는 그 모습을 바라보며 말했다.

"욕망이 없는 삶은 논리적으로는 가능하지. 하지만 생리적으로는 거의 불가능해. 의지는 생존 그 자체니까. 단, 아주 드물게 극소수의 존재만이 의지를 거절하는 데 성공하지. 그들이 바로 성자야."

그는 한 일화를 떠올렸다. 어느 인도의 바리사드 마을에서 한 수행자가 30년간 아무것도 소유하지 않은 채 나무 그늘 아래에서 살았다고 했다. 그는 물과 소금만을 먹었고, 말도 하지 않았다. 그에겐 이름도 없었고 목적도 없었다. 그는 그저 존재했다. 쇼펜하우어는 그를 인류가 도달 가능한 '의지의 중단' 상태에 가장 근접한 인물로 여겼다.

"욕망 없는 삶은 가능한가?" 제스퍼는 마음속으로 되물었다.

그는 어느 밤 굶주린 자신이 버려진 생선을 마주했을 때를 떠올렸다. 처음엔 입에 넣었다. 하지만 중간에 멈췄다. 이유는 없었다. 갑자기 먹는다는 행위가 무의미하게 느껴졌고, 그는 그날 밤을 굶주린 채 지냈다. 배는 고팠지만, 마음은 묘하게 고요했다. 그리고 다음날 아침, 그는 이상할 정도로 가볍게 느껴졌다.

"욕망을 없애는 건 결국 의지를 비우는 일이다."
쇼펜하우어가 말했다.
"그건 자기 본능에 거슬러 걷는 것이지. 그래서 고통스럽고, 그래서 위대하지. 도덕이 아닌 생존 본능에 맞서는 철학자—그게 내가 되고 싶었던 인간형이다."

수도원의 저녁 종이 울렸다. 수도자들은 다시 명상의 방으로 모여들었다. 제스퍼는 그 문턱에서 멈췄다. 인간들은 그 공간 안에서 말 없이 무언가를 끊으려 애쓰고 있었다. 그 무언가는 그들이 가장 인간적인 부분—갈망, 기대, 바람—이었다.

쇼펜하우어는 마지막으로 속삭였다.
"욕망 없는 삶은 신의 삶이 아니야. 그것은 모든 존재 중 가장 인간적인, 가장 깨어 있는 삶일지도 몰라. 왜냐하면 그 삶은 단지 살기 위해 사는 삶이 아니기 때문이야."

그날 밤 제스퍼는 아무것도 원하지 않은 채 잠들었다. 그는 처음으로 그 잠이 무엇에도 묶이지 않았다는 것을 알았다.

Chapter 34

금욕주의, 삶의 진짜 용기

이탈리아 남부의 한 수도원. 나폴리만이 내려다보이는 절벽 위, 회색 돌로 지어진 수도원은 거의 소리 없이 살아 있었다. 수도사들은 말을 아꼈고, 하루 세 번의 종소리에 맞춰 기도하고, 식사하고, 땅을 일궜다. 제스퍼는 그 침묵 속을 조용히 거닐었다. 하얀 수도복과 검은 망토를 입은 수도사들 사이, 그 조용한 고양이는 풍경처럼 녹아 있었다.

쇼펜하우어는 수도원의 고문서실에서 책을 한 권 꺼내 들었다. 『성 안토니우스의 고행』. 그는 라틴어 주석이 달린 판본을 조심스럽게 넘기며 중얼거렸다.

"서양의 금욕은 자신을 징벌하기 위한 것이었지. 죄를 씻기 위해서, 육체를 부정하기 위해서.

그러나 그 안엔 여전히 의지가 남아 있어. 천국을 바라는 욕망, 구원을 얻으려는 목표."

제스퍼는 수도사 한 명이 돌담 옆에서 무릎을 꿇고 뺨을 철사채로

치는 모습을 보았다. 피가 맺혔지만, 그는 멈추지 않았다. 그의 눈빛은 뜨거웠고, 어딘가를 향해 있었다. 신이었을까, 아니면 자기를 향한 분노였을까.

쇼펜하우어는 고개를 저었다.
"그건 여전히 거래야. 욕망 없는 삶이 아니라 더 큰 보상을 위한 자기절제지. 진짜 금욕은 아무것도 바라지 않는 거야. 그저 멈추는 거지."

며칠 전 그들은 인도 타밀나두 지방의 한 작은 사원을 다녀왔다. 그곳엔 한 사두가 있었다. 이름도 없고 말도 하지 않았다. 그는 하루 한 끼만 먹었고, 눈을 감은 채 앉아 있었다. 어떤 아이가 그 앞에 꽃을 놓자, 그는 미소도 감사도 없이 그저 고개를 끄덕였다. 욕망도, 거절도, 반응도 없었다. 제스퍼는 그 침묵 속에서 처음으로 어떤 자유를 보았다.

쇼펜하우어는 그 장면을 떠올리며 말했다.
"서양의 금욕은 죄책감에서 시작됐고, 동양의 금욕은 고통의 구조를 끊으려는 의지에서 나왔어. 전자는 속죄고, 후자는 해탈이지. 내가 동양 사상에 끌리는 이유는 그들이 욕망을 없애기 위해 더 큰 욕망을 내세우지 않기 때문이야."

그는 가톨릭 교회에 대한 실망도 숨기지 않았다. 쇼펜하우어는 기독교가 겉으로는 순수와 금욕주의를 부르짖으면서도 뒤에서는 욕망의 교리를 합리화한다고 생각했다. 십자군 전쟁, 마녀 사냥, 면죄부판매—이 모든 것은 신의 이름으로 욕망을 정당화한 사건이었다. 그는 이를 두고 말하곤 했다.

"하느님을 팔아 이익을 얻는 자들이 순결을 말하다니, 나는 그런 이율배반에 질색이야."

그에게 진정한 금욕은 누구도 보지 않는 자리에서, 아무 보상도 기대하지 않으면서 자기 자신으로부터 멀어지는 행위였다. "금욕은 쇼윈도에 걸린 십자가가 아니라, 내면 깊은 곳에서 울리는 침묵의 종소리야."

그날 밤 나폴리 수도원 뒤편 정원. 제스퍼는 돌 벤치 위에 앉아 있었다. 쇼펜하우어는 그 옆에 앉아 말없이 바다를 바라보았다. 저 멀리에서 파도가 일었다가 가라앉고 있었다. 침묵은 그 파도보다도 느리고 무거웠다.

"금욕은 도피가 아니야." 쇼펜하우어가 말했다.
"그건 맞서 싸우는 방식이야. 세상이 요구하는 모든 욕망—성공, 쾌락, 인정, 사랑—그 모든 유혹 앞에서 단순히 돌아가는 것. 그것은 비겁한 회피가 아니라 의지에 반기를 드는 가장 용기 있는 행동이야."

그는 덧붙였다. "욕망은 인간을 태어나게 했고, 고통은 그 욕망의 부산물이야. 금욕은 고통을 피하려는 게 아니야. 고통을 뿌리째 없애는 거지. 욕망 자체를 버리면 고통은 따라오지 않으니까."

제스퍼는 이해했다. 이 철학자가 말하는 금욕은 종교적 교리나 도덕적 엄숙함과는 달랐다. 그것은 가장 철저한 자유, 가장 순수한 포기였다. 아무것도 바라지 않는 인간, 아무것도 필요로 하지 않는 존재. 그 존재야말로 의지의 사슬을 끊어낸 진짜 해방자였다.

그날 밤 바다는 조용했고, 별은 흐르듯 떠 있었다. 제스퍼는 조용히 눈을 감았다. 그는 느꼈다. 아무것도 원하지 않는 순간, 세상이 더 이상 무겁지 않다는 것을.

금욕은 삶의 회피가 아니라, 삶의 초월이었다. 그리고 그 초월은 침묵과 무욕 속에서 조용히 피어나는 용기였다.

Chapter 35

해탈, 더 이상 바라지 않기

해 뜨기 직전의 라다크 고원. 검푸른 산맥 너머로 옅은 주황빛이 퍼지고 있었다. 제스퍼는 얼어붙은 바위 위에 앉아 있었다. 숨을 들이쉴 때마다 입김이 하얗게 피어올랐고, 모든 것이 멈춘 듯 고요했다. 쇼펜하우어는 암자 앞 마른 나무 아래에 앉아 있었다. 그는 말을 하지 않았고, 노트도 펼치지 않았다. 그날 아침 그는 철학자가 아니라 단지 존재하고 있는 한 인간이었다.

제스퍼는 처음이었다. 쇼펜하우어가 이토록 침묵에 스스로를 맡긴 모습을 본 것은. 아무도 부르지 않고, 아무도 찾지 않는 이 고지대에서 그는 무엇을 내려놓고 있었을까.

전날 그들은 티베트계 노승을 만났다. 이름도 없고, 언어도 없던 노승은 '해탈'에 대해 말하지 않았다. 그는 그것을 보여주었다. 앉아 있고, 숨 쉬고, 먹고, 다시 앉았다. 아무도 가르치지 않았고, 아무도 배우지 않았다. 그 속에는 욕망도, 고통도 없었다. 어떤 목적도 없고, 그래서 오히려 모든 것이 충만했다.

쇼펜하우어는 그 침묵 속에서 어떤 글귀를 떠올렸다.

「의지를 완전히 부정한 자는 더 이상 욕망하지 않는다. 그는 존재하지 않기를 원하지도 않고, 존재하기를 원하지도 않는다. 그는 단지 멈추어 있을 뿐이다. 그가 도달한 것은 무(無)가 아니라 고요함이다.」

그는 자신이 평생 파헤쳤던 철학의 끝자락에서, 이 고산의 바람 속에서 아무것도 바라지 않는 법을 처음으로 배웠다. 고통을 끝내는 방법은 고통을 피하는 것이 아니라 고통의 구조 자체—집착, 기대, 바람, 갈망—그 모든 움직임을 끝내는 것이었다.

"해탈은 더 이상 바라는 것이 없을 때 오는 거야." 그가 조용히 말했다.

"신을 바라지 않고, 구원을 바라지 않고, 이름을 남기려 하지도 않는 그때 인간은 자유로워지는 거지. 아무에게도 붙들리지 않는 상태. 그것이 나에게 남은 마지막 철학이야."

그 순간 제스퍼는 시간의 문턱 너머를 보았다. 그는 쇼펜하우어의 침묵에서 니체의 메아리를 들었다. 니체의 차라투스트라는 욕망을 억누르기보다는 그것을 초월해 긍정하는 초인을 꿈꾸었다. "인간은 극복되어야 할 무엇이다." 그 말은 해탈의 전면 부정처럼 보였지만 실은 정반대의 방식으로 같은 지점을 향하고 있었다.

쇼펜하우어가 해탈을 통해 '욕망의 소멸'을 말한 반면, 니체는 그 욕망을 재창조하고 새로운 가치를 스스로 설정할 수 있는 존재를 그렸다. 초인은 더 이상 신에게 기대지 않고, 도덕이라는 껍질에도 구속되지 않으며, 욕망을 힘의 의지로 전환해 살아가는 자였다. 해탈이 '없음'의 평온이라면, 초인은 '있음'의 위엄이었다.

그리고 지금 AI가 세계를 개조해가는 시대. 인간은 다시금 초인과 해탈 사이에 서 있다. 데이터와 계산, 효율과 예측이 모든 것을 지배할 때, 인간의 감정과 욕망은 시스템화된다. 알고리즘은 욕망을 추적하고, 자아는 클릭 속에서 증발해간다. 그때 필요한 것은 무엇인가? 초인처럼 스스로를 넘어서는 힘일까, 아니면 쇼펜하우어가 말한 해탈처럼 더 이상 아무것도 바라지 않는 기술일까?

쇼펜하우어는 말한다. "나를 구한 건 생각이 아니라 비움이었다."
AI의 시대에도 유효한 이 말은 점점 빠르게 욕망을 설계당하는 인간에게 남겨진 마지막 철학일 수 있다. 더 이상 욕망하지 않는다는 것, 욕망하지 않을 줄 안다는 것. 그것은 데이터화될 수 없는 존재의 마지막 기술이다.

해는 점점 솟아오르고 있었다. 햇살이 얼음 위에 떨어지자 그 결이 눈부시게 반짝였다. 그러나 그 반짝임조차도 욕망을 자극하지 않았다. 그저 존재하는 빛, 목적 없는 따뜻함.

쇼펜하우어는 마지막으로 중얼거렸다. "해탈이란 모든 욕망의 탈피야. 더 이상 바라지 않기. 그리고 그것은 철학이 아니라 삶의 태도야. 나를 구한 건 생각이 아니라 비움이었어."

그날 제스퍼는 바람과 함께 숨을 쉬었다. 그의 심장은 빠르게 뛰지 않았고 어떤 목표도 없었다. 단지 '있는 그대로'의 자신으로 세상과 나란히 앉아 있었다.

해탈은 죽음이 아니라 생존의 다른 방식이었다. 더 이상 아무것도 바라지 않는 존재—그 존재만이 고통으로부터 완전히 벗어날 수 있었다.

PART 8

윤리, 불가능한 가능성

쇼펜하우어 철학에서 윤리는 명령이 아니라 공감의 가능성이다. 그는 윤리적 삶이 논리나 신앙, 사회 제도로부터 오는 것이 아니라 '연민'이라는 감정적 직관에서 시작된다고 믿었다. 그러나 욕망과 이기심의 지배를 받는 인간 세계에서 진짜 윤리가 가능할까? 제스퍼는 다양한 인간 군상들과의 만남을 통해 '실현 불가능하지만 꼭 추구해야만 하는 윤리'의 역설을 마주하게 된다.

Chapter 36

동정심이 유일한 윤리의 출발점

뮌헨의 겨울 시장. 함박눈이 성모 교회 첨탑을 덮고 있었고, 사람들은 붉은 조명을 따라 손난로를 들고 지나갔다. 구운 소시지 냄새와 스파이스 와인의 김이 섞여 거리는 따뜻했지만, 그 풍경에서 밀려난 존재들이 있었다. 제스퍼는 도시의 변두리, 버려진 창고 문 앞에 웅크린 노숙자 옆에 앉아 있었다. 그의 낡은 옷자락 위에 눈이 쌓여 있었고, 잿빛 수염은 입김 속에서 흐릿해졌다. 그는 자고 있었지만, 그 잠은 안전하지 않았다.

제스퍼는 귀를 세웠다. 저 멀리서 쇼펜하우어가 오는 소리를 들었다. 그의 걸음은 느렸고, 왼손에는 한 봉지의 빵이 들려 있었다. 그는 조용히 다가와 노숙자의 옆에 앉았다. 아무 말도 하지 않고 봉지에서 작은 호밀빵 하나를 꺼내 그의 손에 쥐어주었다. 노숙자는 놀라듯 눈을 떴고, 눈빛에 경계와 감동이 동시에 떠올랐다.

"우린 왜 이걸 하지?" 제스퍼는 묻고 있었다, 마음속으로.
쇼펜하우어는 대답하지 않았다. 다만 눈을 맞으며 앉아 있었다. 그 조용한 몇 분 동안, 세상은 움직이고 있었지만 그들은 잠시 그 움직임에서 빠져나와 있었다.

나중에 따뜻한 서점 구석에 둘이 앉았을 때 쇼펜하우어는 입을 열었다.

"동정심—그것만이 도덕의 출발점이야. 종교가 명령하고 사회가 압박하며 철학이 논리로 설득해도, 그 모든 것은 강제야. 하지만 동정심은 자발적이지. 그것은 우리가 진짜로 '타인이 되는' 순간이야."

그는 커피잔을 감싸며 조용히 말을 이었다.

"동정은 약함이 아니야. 오히려 가장 강한 인간만이 진짜로 느낄 수 있는 감정이지. 왜냐하면 그것은 자기중심성을 일시적으로 멈추는 행위이기 때문이야. 자기를 잠시 '비우고' 다른 존재의 고통을 자신의 내면에 반사시키는 것. 그것은 이성보다 빠르고, 신앙보다 정확하지."

제스퍼는 기억을 더듬었다. 몇 년 전, 제스퍼는 바르샤바에서 한 길고양이 어미를 만났다. 굶주린 새끼 고양이 다섯 마리를 이끌고 쓰레기통을 뒤지며 헤매던 그 고양이는, 제스퍼가 가져온 작은 정어리 조각을 자기가 먹지 않고 새끼들에게 나눠줬다. 제스퍼는 그것을 '의지 없는 행동'이라 불렀다. 그것은 계산이 아니었고 목적도 없었다. 다만 '함께 있는 고통'의 본능이었다.

쇼펜하우어는 덧붙였다.

"내가 칸트를 싫어하는 이유 중 하나가 바로 그거야. 그는 도덕을 오직 '의무'로 설명하지. 하지만 사람은 강요받을수록 저항해. 도덕은 의무가 아니라 공감이야. 연민이야. 그것이 없다면 모든 도덕은 그냥 권력의 언어로 변하지."

다음 날 그는 도시 외곽의 병원을 찾았다. 인도계 여의사 하나가 운영하는 자선 진료소였다. 사람들은 줄을 서서 진료를 기다리고 있었고, 대부분은 보험도 없고 신분도 불확실했다. 제스퍼는 구석에서 그 장면을 지켜보았다. 여의사는 아무런 댓가도 없이 환자들을 진료하고 있었고, 간호사 둘과 함께 쉴 없이 움직였다. 제스퍼는 그녀의 눈빛에서 계산을 찾을 수 없었다. 오직 피로와 확신만 있었다.

쇼펜하우어는 조용히 말했다.

"저건 영웅심이 아니야. 저건 사랑도 아니야. 저건 연민이야. 진짜 윤리의 시작점. 그 누구도 강요하지 않았고, 그녀도 아무런 이상을 말하지 않았어. 그저 사람의 고통을 보고 멈춘 거야."

그는 회색 하늘을 올려다봤다.

"그래서 난 연민을 윤리의 유일한 뿌리라 불렀어. 인간이 가진 이기적 본성을 단 한순간이라도 끊을 수 있는 유일한 감정. 법도, 제도도, 교육도 그걸 만들지 못해. 하지만 고통을 본 눈 하나, 그건 만들어낼 수 있지."

그날 밤 제스퍼는 거리의 벽에 기댄 채 잠든 또 다른 노인을 바라보았다. 그는 다가가 그 옆에 누웠다. 아무것도 주지 않았고, 아무 말도 하지 않았다. 단지 함께 누웠다.

그것이 동정심이었다.

그날 제스퍼는 처음으로 철학이 멈추고 윤리가 시작되는 지점을 알았다. 그것은 생각이 아니라 움직임이었다. 마음이 아니라 몸이었다. 쇼펜하우어는 이론으로 그것을 설명했고, 제스퍼는 그것을 몸으로 이해했다.

동정심은 유일한 윤리의 출발점이다. 모든 명령은 억압이고, 모든 논리는 시간 안에서 무너진다. 그러나 고통을 본 마음 하나, 그것은 시간이 지나도 사라지지 않는다. 인간은 그때만 진짜로 '타인'이 된다. 그리고 그때만 윤리는 말이 아니라 생명이 된다.

Chapter 37

이타주의는 어떻게 가능한가

제스퍼는 이스탄불의 뒷골목, 골든혼을 따라 이어진 오래된 시장 사이를 걷고 있었다. 아침 햇살이 구불구불한 담장을 넘어 길바닥을 부드럽게 덮었고, 빵 굽는 냄새가 공기 속에 퍼졌다. 그러나 그의 시선은 고요한 풍경에 머물러 있지 않았다. 오늘 그는 누군가를 관찰하러 왔다.

한 가게의 뒷마당. 노부부가 아무 조건 없이 아이들에게 따뜻한 수프를 나눠주고 있었다. 그들은 매일 새벽시장에서 쓰다 남은 채소를 모아 국을 끓였고, 누구에게도 이유를 묻지 않았다. 먹고 가는 아이들은 고개 숙여 감사했고, 어떤 아이는 아무 말 없이 국을 받아들었다. 그중 한 아이는 작은 빵조각을 숨겨 동생에게 몰래 건넸다. 제스퍼는 그 눈빛을 기억했다. 조용하고 단호한, 어떤 자부심이 묻어나는 표정이었다.

그날 오후, 그는 갈라타 다리 위에 앉아 있었다. 쇼펜하우어가 도착하자, 둘은 잠시 말을 하지 않았다. 바람은 차가웠고 갈매기들은 거센 물살 위를 날고 있었다. 쇼펜하우어는 손을 코트 안으로 넣고 천천히 말했다.

"이타주의는 설명할 수 없는 윤리의 유일한 수수께끼야. 그건 본능의 구조를 거슬러. 의지는 오직 자기 생존만을 명령하는데, 왜 어떤 존재는 스스로를 희생하는가?"

그는 바다를 향해 고개를 돌렸다.

"내가 말했듯이 인간의 본성은 본질적으로 이기적이야. 의지는 자기 보존, 자기 충족, 자기 확장을 추구하지. 하지만 이타적 행위는 그 흐름을 멈춰. 그것은 생존과 무관하고, 심지어 해가 되는 방향으로 행동해. 어떻게 그게 가능한 걸까?"

제스퍼는 대답하지 않았다. 대신 며칠 전 있었던 일을 떠올렸다. 시리아 난민 캠프 근처에서 한 젊은 간호사가 폐렴에 걸린 아이를 품에 안고 있었다. 그 아이는 전염성이 있었고, 그녀는 이미 손에 열이 올라 있었다. 그러나 그녀는 아이를 놓지 않았다. 약도 없었고, 당장 낫게 할 수도 없었지만, 아이가 숨 쉬는 동안 계속 안고 있었다. 제스퍼는 그 여인의 표정에서 두려움이 아니라 이상할 정도로 평온한 무언가를 읽었다.

쇼펜하우어는 그런 사례를 자주 모았다. 그는 그것을 '순간의 의지 정지'라 불렀다.

"그 순간 인간은 더 이상 자신을 자신으로 인식하지 않아. 그는 자신을 포함한 더 큰 고통의 감각 안에 녹아. 그리고 자기를 거기서 꺼내려 하지 않아. 그것이 진짜 이타성이지."

그는 미소를 지었다.

"종교는 이걸 신의 은총이라 부르고, 도덕철학은 그것을 규범이라 정의하지. 하지만 나는 그 어떤 것도 붙이지 않을 거야. 이타주의는 설명하려는 순간 가짜가 되거든. 그건 그냥 누군가의 고통이 내 안에서 울리는 거야. 그리고 나는 그 울림을 외면하지 않는 거지."

제스퍼는 아프리카 나이로비에서 본 장면 하나를 떠올렸다. 쓰레기더미 근처에서 소년 하나가 다른 아이의 신발끈을 묶어주고 있었다. 그의 신발은 찢어져 있었고, 끈은 오래된 전선이었지만, 그는 조심스럽게 친구의 발을 손질했다. 그건 보호도, 명예도 아니었다. 그냥 어떤 내면의 조화였다.

"우린 보통 이타적 행위를 영웅화하지. 하지만 진짜 이타성은 평범해. 소리 나지 않고, 대단하지도 않아. 오히려 조용하게, 숨듯이 일어나지." 쇼펜하우어는 그렇게 말했다.

그날 밤 제스퍼는 이스탄불의 옥상 위에서 도시의 불빛을 바라보았다. 수많은 욕망과 의지가 교차하는 도시. 하지만 그 안에서 아무 조건 없이 타인을 위해 멈춘 사람들—그들만이 의지의 거대한 강물 속에서 작은 돌을 던진 존재들이었다.

이타주의는 어떻게 가능한가? 그것은 철학의 설명 이전에 존재의 직관이다. 누군가의 고통이 내 고통처럼 들릴 때, 인간은 자신을 넘어선다. 그리고 그 순간 세계는 잠시, 아주 잠시 고요해진다.

Chapter 38

악인은 의지에 굴복한 자

베를린의 한 추운 새벽, 회색빛 건물들 사이로 어슴푸레한 빛이 퍼지고 있었다. 제스퍼는 무너진 담장 위에 앉아 있었다. 그 아래엔 쓰레기봉투를 뒤지는 남자가 있었고, 맞은편 골목에서는 누군가가 소리쳤다. 욕설, 달음질, 그리고 주먹질. 제스퍼는 그 장면을 지켜보았다. 폭력은 말이 빠르고 손이 빠르다. 정의는 늘 늦다.

몇 시간 후 그는 쇼펜하우어를 박물관 석조 계단 아래에서 만났다. 바람은 더 차가워졌고, 도시의 분위기는 날이 갈수록 어두워졌다. 사람들은 불안했고, 거리엔 감시 카메라가 늘어났으며, 강한 말과 단호한 태도가 더 많은 박수를 받는 시대였다.

쇼펜하우어는 신문을 접고 말했다.
"악은 언제나 빠르지. 왜냐하면 악은 의지의 가장 단순한 형식이거든. 본능이 시키는 대로 움직이는 자, 그가 바로 악인이야."
제스퍼는 그 말을 곱씹었다. "그럼 악인은 나쁜 사람이 아니라 단순한 사람인가?"

쇼펜하우어는 고개를 끄덕였다.

"맞아. 악인은 복잡한 사유를 거치지 않아. 그는 고통을 두려워하지 않고, 타인의 고통을 느끼지도 않아. 그는 그냥 '원하기 때문에 한다'는 원초적 충동의 종이야. 의지가 그를 끌면 그는 움직이고, 막지 못해."

그는 지나가는 사람들 틈에서 누군가를 가리켰다. 정장 차림의 남자가 전화통화 중이었다. 그의 목소리는 단호했고, 얼굴은 굳어 있었다.

"저런 인간이 회사에서 직원을 해고하고, 땅을 사고, 계약서를 뜯고, 사람을 짓밟는다. 왜냐하면 그래야 성과가 생기고, 이익이 생기고, 남기 때문이다. 그는 그걸 '책임'이라 부르지. 하지만 실은 그는 멈추지 않는 의지에 몸을 맡긴 거야."

제스퍼는 알았다. 쇼펜하우어가 말하는 악은 도덕의 기준이 아니라 구조의 문제였다. 인간은 원하고, 원하는 대로 움직이고, 그 움직임이 타인을 해칠 때도 스스로를 정당화한다. 그것이 본성이다. 고통이 남는다는 사실은 중요하지 않다. 중요한 건 오직 '더 갖는 것'이다.

"그래서 나는 악은 의지의 노예라고 말했지." 쇼펜하우어가 말했다. "그들은 자유로운 존재가 아니야. 그들은 자기 안의 폭력적 충동, 욕망, 증오, 지배욕에 굴복한 존재지. 그들은 철학할 줄 몰라. 왜냐하면 철학은 의지를 멈추는 기술이니까."

그는 다시 신문을 펼쳤다. 정치인의 스캔들, 전쟁의 시작, 부자의 탈세, 그리고 한 여성의 자살. 모든 기사들은 악이 늘 시스템 안에서 작동하고 있다는 걸 보여줬다. 악은 특별한 것도, 드문 것도 아니었다. 오히려 악은 평범했고 반복됐으며, 예측 가능했다.

"그들은 악한 게 아니라 그냥 단순해. 자기 자신밖에 모르는 세계에 갇힌 인간들. 그래서 타인의 고통을 '현실'이라 말하고, 자신의 행위를 '선택'이라 말하지. 사실은 그 누구도 선택하지 않았는데."

제스퍼는 기억을 떠올렸다. 유년기의 어느 날, 형제 고양이 중 하나가 항상 먹이를 먼저 차지했다. 작은 몸을 밀쳐내고 입질을 하며, 그릇 앞을 지켰다. 그는 강했지만 똑똑하지 않았다. 나중에 그는 혼자 살았고, 늘 긴장했고 빨리 늙었다.

악은 지능이 아니다. 악은 감각의 부재, 연민의 부재, 사유의 결핍이다. 그것은 '의지를 통제하지 못하는 자의 자연스러운 결과'였다. 그렇기에 악은 낭만적이지도, 특별하지도 않았다.

쇼펜하우어는 마지막으로 말했다.

"진짜 철학자는 악인이 될 수 없어. 왜냐하면 철학이란 멈추는 법을 아는 거니까. 의지를 정지시키는 유일한 기술. 고통을 줄이는 유일한 길."

제스퍼는 눈을 감았다. 그날 밤 그는 꿈을 꿨다. 그 꿈엔 누군가가 무언가를 원했고, 또 누군가가 그것을 빼앗겼다. 그리고 아무도 울지 않았다. 그것이 악이었다. 의지에 완전히 굴복한 자들이 사는 세계.

그리고 그 속에서 철학만이 조용히 멈추는 법을 가르치고 있었다.

Chapter 39

선은 의지를 부정한 상태

　　　　　　　　　　빈의 오래된 공동묘지. 제스퍼는 낙엽이 소복이 쌓인 묘비 위에 조용히 앉아 있었다. 이른 아침, 사람 하나 없이 고요한 공간이었다. 그러나 그 고요 속에서 제스퍼는 어떤 흐름을 느꼈다. 이름도 기억되지 않는 사람들, 작은 돌 하나 남기지 못한 무명의 무덤들, 그 무수한 침묵 속에 가만히 남은 것은 단 하나였다. 선(善)이라는 이름의 흔적.

　　쇼펜하우어는 그 옆에 천천히 앉았다. 그는 말없이 누군가의 묘비를 바라보다가 중얼거렸다. "선은 항상 작고 조용하지. 자기를 말하지 않고, 흔적도 남기지 않아. 왜냐하면 선은 의지를 부정한 상태니까."

　　제스퍼는 물었다.
　　"그럼 선하다는 건 욕망이 없다는 뜻이야?"
　　쇼펜하우어는 고개를 끄덕였다.
　　"정확히 말하면, 자기 의지를 통제한 자의 상태지. 선한 인간은 자기 의지의 노예가 아니라, 의지를 멈추는 법을 아는 존재야. 그건 엄청난 고통을 수반하는 일이야. 왜냐하면 의지는 멈추면 안 된다고, 살아야 한다고, 가져야 한다고 매 순간 속삭이거든."

그는 한 사건을 꺼냈다. 1847년, 함부르크 대화재. 대부분의 사람들이 자신과 가족을 위해 짐을 싸고 대피하던 그 순간, 한 나이 든 선생이 이웃집 노파의 휠체어를 밀고 마지막까지 함께 불길을 빠져나왔다. 그는 자기 물건을 모두 잃었고, 며칠 후 폐렴으로 죽었다. 그를 칭찬한 사람도 있었지만 대부분은 말했다. "자기 생명도 소중하지 않나?"

쇼펜하우어는 그 반응을 비웃었다. "그건 선을 이해하지 못한 사람들이 하는 말이야. 선은 타인의 고통 앞에서 '나'를 포기하는 거야. 어떤 신념도 보상도 계산도 없어. 그 순간 인간은 자기 안의 의지를 스스로 끊는 거지."

그는 또 하나의 사례를 말했다. 1831년 콜레라 대유행 당시, 베를린의 한 여성 간호사는 병자들과 함께 격리되었다. 이틀 동안 아무도 들어가지 않던 공간에 홀로 들어가 사람들을 씻기고 이마를 닦아주었다. 이틀 뒤 그녀도 쓰러졌다. 누구도 그녀에게 그걸 하라고 시키지 않았다. 아무도 보지 않았다. 그러나 그녀는 움직였다.

제스퍼는 그것이 '의지의 부정'이라는 말을 이해하기 시작했다. 인간은 본래 살기 위해 움직인다. 고통을 피하고 쾌락을 좇으며, 살아남기 위해 끊임없이 계산한다. 그러나 선한 자는 그 흐름을 스스로 끊는다. 그는 거기에 머물지 않는다. 오히려 그 흐름에서 스스로 빠져나간다.

"그래서 선은 약한 게 아니야." 쇼펜하우어는 말했다. "그건 가장 강한 인간이 선택할 수 있는 상태야. 가장 깊이 고통을 아는 자, 가장 멀리서 세계를 바라보는 자만이 자기 의지를 꺾을 수 있지. 그건 철학도, 종교도 넘어서 있는 차원이야."

그날 오후, 제스퍼는 거리에서 한 거지가 떨어진 지갑을 집어 건넸다. 지갑의 주인은 고맙다는 말 대신 눈을 흘겼다. '혹시 안 돌려주려 했던 건 아닌가' 하는 경계의 시선이었다. 제스퍼는 아무 말 없이 돌아섰다. 그는 이미 알아차렸다. 선은 오해받는다. 보상받지 않는다. 때로는 버려진다. 하지만 그래도 선은 한다. 그것이 선의 구조였다.

쇼펜하우어는 조용히 말을 끝맺었다.
"우리는 모두 의지의 흐름 속에서 떠내려가. 그러나 극히 드물게 어떤 인간은 그 흐름에서 발을 멈춰. 그건 거대한 물살을 거스르는 일이야. 그리고 그 정지 속에서 인간은 비로소 '선하다'는 이름을 얻는 거야."

제스퍼는 묘비 사이를 걸었다. 그는 알아차렸다. 선은 조용한 기록이었다. 어떤 무덤엔 이름이 없었고, 어떤 사람은 잊혔지만, 그들이 한 선택은 남아 있었다. 아무도 기억하지 않아도 선은 남는다. 왜냐하면 그것은 욕망을 멈춘 자리에서만 가능한 일이었기 때문이다.

그리고 쇼펜하우어는 철학을 통해 그 자리를 본 유일한 자 중 하나였다.

Chapter 40

나쁜 고양이는 없다, 나쁜 인간만 있다

런던의 안개 낀 어느 아침, 템스강변의 낡은 벤치 위에 쇼펜하우어가 앉아 있었다. 그 옆에 제스퍼가 앞발을 꼬고 앉아 있었다. 새벽 신문을 들고 걷는 사람들, 커피를 쏟으며 출근길을 서두르는 남자, 길가의 비둘기 떼 사이에서 달려드는 개. 하지만 오늘의 공기는 묘하게 유순했다.

쇼펜하우어는 머플러를 고쳐 매며 말했다.

"제스퍼, 너는 한 번도 나쁜 일을 한 적이 없지."

제스퍼는 고개를 살짝 기울였다. 흥미롭다는 듯, 그러나 동의도 반박도 하지 않았다.

"인간은 윤리를 논하면서도 동시에 가장 윤리를 배반하는 동물이야." 쇼펜하우어가 말을 이었다. "고양이는 굶주리면 먹고 화가 나면 할퀴지만, 그건 절대 악의가 아니지. 고양이는 무엇을 위해 다른 생명을 고의로 괴롭히지 않아. 하지만 인간은 달라. 그들은 말할 줄 알고, 생각할 줄 알고, 무엇보다 자기 행위를 설명할 줄 알아."

제스퍼는 길 건너 어린아이가 까마귀를 향해 돌을 던지는 모습을 보았다. 아이는 깔깔 웃고 있었지만, 새는 날개를 다친 듯 휘청이며 날아올랐다. 아이의 손을 잡고 걷던 어른은 아무 말도 하지 않았다. 그저 휴대폰 화면을 보고 있었을 뿐이다.

"고양이는 악하지 않아." 쇼펜하우어는 단호하게 말했다. "그건 본능이고, 생존이고, 본연의 질서야. 하지만 인간은 타인의 고통을 즐기기 시작하면서부터 '윤리'가 필요해졌지. 그래서 철학이 탄생한 거고."

제스퍼는 그의 말에 꼬리를 한번 휘감고 다시 자리잡았다. 인간은 너무 많은 것을 원했고, 너무 많은 것을 감췄다. 고양이는 숨기지 않았다. 배고프면 울었고, 싫으면 등을 돌렸다. 애매한 것은 없었다. 하지만 인간은 말과 말 사이에서 자신을 속였고, 때론 자신조차 속였다.

"인간은 거짓말을 하지." 쇼펜하우어가 천천히 말했다.
"심지어 진심을 말하면서도 거짓이 섞이기도 해. 하지만 고양이는 거짓말을 하지 않아. 너는 언제나 네 마음을 그대로 드러내지. 도망치면 싫은 거고, 골골거리면 좋은 거고."

제스퍼는 눈을 가늘게 뜨고 쇼펜하우어를 바라봤다. 그의 말은 사실이었다. 고양이는 계산하지 않았다. 순간순간에 충실했고, 그 순간을 감추지 않았다. 부끄러움도 없고, 후회도 없었다. 그건 자유였다.

"그리고 인간은 자살을 하지." 쇼펜하우어가 조용히 덧붙였다.

"고양이는 자살 같은 건 꿈도 꾸지 않아. 왜일까? 너희는 그냥 존재하지. 고통스럽다고 해도 끝내야겠다는 선택은 하지 않아. 존재를 거부하지 않아. 인간은 너무 많이 알고, 그래서 더 많이 아프고, 결국엔 스스로 끝을 생각하지."

그 말에 제스퍼는 눈을 천천히 감았다가 다시 떴다. 그는 슬픔이 무엇인지 몰랐지만, 고통을 기억하고 있었다. 다만 그 고통을 해석하지 않았다. 고양이에게 고통은 지나가는 감각일 뿐 존재를 부정할 이유는 아니었다.

"그래서 윤리는 불가능하지만 동시에 꼭 필요한 거야." 쇼펜하우어는 미소 지으며 말했다. "우리가 의지를 끊을 수는 없을지도 몰라. 늘 욕망하고, 늘 소유하고, 늘 실망하지. 그래도 때때로 아주 짧게라도 우리는 연민하고, 멈추고, 다른 생명을 안아보려고 하지."

그는 손등으로 벤치 위에 내려앉은 먼지를 털며 말했다.

"고양이처럼 살 순 없겠지만, 고양이를 바라보는 마음으로 살 순 있을 거야. 판단하지 않고, 기대하지 않고, 그냥 바라보는 것. 그것만으로도 세상은 조금 덜 고통스러울 수 있어."

제스퍼는 그 말을 듣고 천천히 쇼펜하우어의 무릎 위로 올라갔다. 인간은 참 복잡했지만, 그 순간만큼은 단순해졌다. 따뜻했고, 조용했고, 무언가가 분명히 '있는' 상태였다.

"나쁜 고양이는 없어." 쇼펜하우어가 제스퍼의 등을 쓰다듬으며 말했다. "그건 윤리를 필요로 하지 않는 삶이란 뜻이야. 윤리가 필요한 건, 우리가 너무 자주 그걸 잊기 때문이지."

강가의 물결은 흐르고 있었다. 바람은 부드러웠고, 인간은 여전히 복잡했다. 하지만 그 아침만큼은 제스퍼와 쇼펜하우어는 같은 온도에서 숨 쉬고 있었다. 그리고 그 속에서 윤리는 잠시 말랑하게 존재했다. 마치 따뜻한 담요처럼, 그들의 어깨 위에 내려앉았다.

PART 9

죽음과 사후의 가능성

쇼펜하우어는 죽음을 끝이라기보다 의지의 해체로 보았다. 그는 인간 존재의 근본

을 '개체로서의 삶'이 아니라 '의지의 흐름'으로 보았기 때문에, 죽음은 개인의 소멸이

자 동시에 근원으로의 복귀였다. 제스퍼는 죽음 앞에서 두려움 없이 묵묵히 존재하는

사람들과의 만남을 통해 사후에 대한 쇼펜하우어의 태도를 사색적으로 탐색한다.

Chapter 41

우리는 왜 죽음을 두려워하는가

빈의 어느 늦가을 아침, 쇤부른 궁전 뒤편의 공원은 낙엽으로 가득 덮여 있었다. 제스퍼는 여느 때처럼 쇼펜하우어의 뒤를 따라 걷고 있었다. 그의 검은 코트는 안개 속에서 더 깊어 보였고, 바람은 나뭇가지 위 마지막 잎사귀를 떨구고 있었다. 어쩐지 모든 것이 조용했고, 지나간 시간처럼 느껴졌다.

"죽음이란 무엇일까." 쇼펜하우어는 갑자기 멈춰 섰다. "우리는 왜 그렇게 죽음을 두려워하지?"

제스퍼는 대답하지 않았다. 그에게 죽음이란 추상적 개념이 아니었다. 그는 고양이였고, 여러 생과 사를 옆에서 목격해왔다. 병든 새, 차에 치인 고양이, 주인을 잃은 노인—그들은 떠났고, 남은 건 숨이 사라진 몸이었다. 하지만 공통적으로 남은 것은 하나였다. 침묵.

그들은 빈 시립병원의 말기 병동으로 가고 있었다. 쇼펜하우어는 그곳에서 한 여인을 만나기로 했다. 그녀의 이름은 루이제. 한때 연극배우였고, 지금은 폐암 말기였다. 그녀는 죽음을 준비하고 있었다.

아니, 죽음을 맞이하고 있었다.

병실은 따뜻했고, 창문 너머에는 비가 내리고 있었다. 루이제는 붉은 스카프를 목에 두르고 침대에 기대 있었다. 그녀는 웃었다. "죽음이 무섭냐고요? 무섭죠. 하지만 이상하게 그 공포가 점점 줄고 있어요. 내일 아침에 눈을 뜨지 않을까 봐 두렵다가도, 어느 날은 그냥 '그것도 괜찮아' 싶더라고요."

제스퍼는 그녀의 손을 잡았다. 그 손은 마른 종이처럼 얇았지만 따뜻했다.

쇼펜하우어는 조용히 의자에 앉았다. "죽음을 두려워하는 이유는 자기 정체성을 잃는다는 공포 때문이야. 지금까지 '나'라고 불러온 모든 것이 사라진다는 것. 의식, 기억, 말, 감정, 얼굴. 그게 사라지면 나는 누가 되는가?"

루이제는 웃으며 대꾸했다. "그럼 태어나기 전엔 '나'가 없었을까요?"

그는 고개를 끄덕였다. "바로 그거야. 사람들은 태어나기 전의 무(無)는 두려워하지 않지. 근데 죽은 뒤의 무는 그렇게 두려워해. 왜냐하면 그동안 쌓아온 '자기'라는 허상을 잃게 되니까. 그래서 죽음은 정체성의 해체고, 그게 두려움의 핵심이지."

그는 테이블 위에 놓인 작은 거울을 들어 루이제에게 건넸다. 그녀는 자신을 바라보았다. 한참을 바라보더니 말했다. "그래도 이 얼굴로 살아낸 삶이니까 애틋하긴 해요."

제스퍼는 생각했다. 인간은 의지를 가지고 태어난다. 살아야 한다는 절대적인 추진력. 그것이 끊어지는 순간을 상상하는 것만으로도 몸이 움츠러든다. 고양이는 그렇지 않다. 죽음이 오면 그저 멈춘다. 욕망이 없기 때문이다. 그러나 인간은 마지막 순간까지 뭔가를 바라기 때문에 죽음을 받아들이지 못한다.

"죽음은 끝이 아니라 의지의 해체다." 쇼펜하우어는 말했다.
"의지는 죽지 않아. 개체로서의 나는 사라지지만, 의지의 흐름은 다른 생명 속으로 계속 흘러가. 그러니까 죽음은 개인적 사라짐이지, 전체적 소멸은 아니야."
루이제는 그 말을 들으며 눈을 감았다. "그럼 나는 사라지되 세계는 계속될 테니 안심해도 되겠네요."

쇼펜하우어는 미소 지었다. "그게 바로 철학이 할 수 있는 마지막 위로야."
제스퍼는 병실 창가로 걸어갔다. 낙엽 하나가 유리창에 붙어 있었다. 투명한 빗물에 눌린 채, 그러나 여전히 그 잎맥은 살아 있었다. 죽음은 그렇게 조용히 오고, 너무 거대한 일이기에 오히려 섬세하게 다가온다.

며칠 뒤 루이제는 세상을 떠났다. 제스퍼는 그녀의 침대 위에 마지막으로 앉아 있었다. 그녀는 떠났지만 방은 조용했다. 아무도 울지 않았다. 그녀는 공포가 아니라 웃음으로 떠났다. 그건 진정한 철학의 얼굴이었다.

죽음이 두려운 이유는 자기 정체성의 종말이기 때문이다. 그러나 쇼펜하우어는 그것이 진실이 아니라고 말한다. 존재는 사라지지 않는다. 개체는 사라지고 의지는 흐른다. 그래서 죽음은 소멸이 아니라 침묵이다. 그리고 그 침묵 속에서 비로소 인간은 자기 삶을 완성한다.

제스퍼는 창밖을 바라보았다. 구름이 걷히고 있었고, 그 사이로 햇살이 묘지의 대리석 위에 내려앉고 있었다. 그 순간 그는 깨달았다. 죽음은 삶의 반대가 아니라, 삶의 그림자라는 것을. 항상 함께 있었고, 이제야 말을 건넨 존재라는 것을.

Chapter 42

나 없는 세계는 가능한가?

빈 중앙묘지의 안쪽 구역, 철제 울타리 안에는 무명의 군인 묘비들이 줄지어 있었다. 제스퍼는 그들 사이를 천천히 걸었다. 이름 없는 비석들. 태어난 해만 있고 사망일은 짧게 한 줄. 비가 흙을 적시고 있었고, 발밑에선 무언가가 삭아 사라지는 냄새가 풍겼다. 쇼펜하우어는 조용히 걸으며 말했다.

"이 모든 사람들은 사라졌지. 기억도, 이름도. 그런데도 세계는 계속 돌아가. 그럼 묻자. '나 없는 세계'는 가능한가?"

제스퍼는 질문을 반복했다. 자신이 없어진 뒤에도 세계가 계속 존재할 수 있을까? 그는 자신의 눈, 귀, 발, 감각으로 이 세계를 살아왔다. 고양이로서가 아니라 사유하는 존재로서. 그런데 그 모든 '나'가 사라졌을 때, 이 세계는 과연 진짜일까?

쇼펜하우어는 물끄러미 하늘을 올려다보았다. 구름은 어김없이 흘렀고, 비는 멈추지 않았다. "세계는 나의 표상이다. 그것은 내가 세계를 본다는 뜻이 아니라, 내가 보는 것이 곧 세계라는 의미야. 다시 말해, 세계는 항상 '누군가에 의해' 나타나는 것이지. 주체 없는 세계는 철학적으로 성립할 수 없어."

그는 웃었다. "그런데도 우리는 죽음을 두려워해. 왜냐하면 '나'가 사라지면 세계도 함께 사라질 것 같거든. 그게 두려움의 근원이지. 하지만 동시에 위로이기도 해. 왜냐하면 세계는 내가 없으면 존재하지 않기 때문에 고통도, 두려움도 느낄 자가 없다는 뜻이기도 하니까."

제스퍼는 한 묘비 앞에 멈췄다. 그 위에 작은 고양이 조각상이 얹혀 있었다. 누군가 언젠가 이 무덤을 사랑했으리라. 하지만 지금은 아무도 기억하지 않았다. 그럼에도 조각상은 조용히 거기 있었다. '나 없는 시간' 속에서도.

쇼펜하우어는 다시 말을 이었다.
"철학은 종종 이 질문에서 출발해. 내가 없는데 세계가 존재할 수 있을까? 데카르트는 존재를 의심을 통해 증명했지만, 나는 반대로 생각했지. 내가 사라지는 순간, 세계도 나와 함께 해체돼. 그러니 죽음은 개인의 파멸이 아니라, 세계의 해제야."

그는 멀리서 오는 장례행렬을 가리켰다. 검은 우산들, 울음소리, 그리고 흰 꽃. 그들은 한 사람을 떠나보내고 있었지만, 사실은 모두

각자의 세계 안에서 '그 사람'을 없애고 있었다. 그렇다면 죽은 자의 입장에서 그 세계는 여전히 존재하는가?

　제스퍼는 답을 알 것 같았다. 존재는 항상 '누군가를 통해' 드러난다. 내가 없으면 그 무엇도 감각되지 않는다. 그러니 '나 없는 세계'는 감각되지 않는 세계, 즉 무(無)에 가깝다. 두렵기도 하지만 동시에 가벼웠다.

　"죽음은 나의 세계가 끝나는 순간이야." 쇼펜하우어가 말했다. "그건 우주의 끝이 아니라 '이 우주가 나로부터 철수하는 사건'이지."

　그 말은 자아에 대한 철학의 오랜 연보를 되짚게 했다. 자아를 중심으로 우주를 구성하려 했던 데카르트, 그리고 그 자아를 전쟁터 위에 놓고 불안 속에서 정의한 사르트르. 사르트르는 '실존은 본질에 앞선다'고 말하며, 인간은 스스로를 정의해야 할 책임을 짊어진다고 했다. 자아는 본질이 아니라 투쟁의 무대였다.

　그리고 이제 새로운 질문이 등장했다. '디지털 자아'는 자아일까? 의식의 구조를 코드로 옮기고, 뇌의 기억과 감정을 칩에 저장한 채 계속된다는 '두뇌 업로드' 시대가 온다면, 그때의 나는 '나'일까? 자아는 물질의 지속인가, 감각의 연속인가 아니면 의식의 환영인가?

쇼펜하우어는 이런 미래적 사유에 직접 닿지 못했지만, 그의 문장은 여전히 유효하다. "세계는 나의 표상이다." 이 말은 자아 없는 세계는 철학적 불가능이라는 선언이기도 하다. 그 선언은 디지털 복제 인간에게도 묻는다. 당신은 진짜로 '살아 있는' 것인가? 아니면 단지 감각되도록 설계된 기계인가?

그날 밤 제스퍼는 묘비 위에 앉아 달을 바라보았다. 달은 여전히 떠 있었고, 밤은 조용했다. 그러나 그는 알았다. 자신이 없는 세계도 결국 자신이 사라진 그 순간부터는 더 이상 '세계'가 아니었다. 단지 '존재하지 않는 어떤 것'일 뿐이었다.

그리고 그 생각은 이상할 정도로 위안이 되었다. 나 없이 돌아가는 세계는 있지만, 그건 더 이상 나의 세계가 아니었다. 그리고 그렇기 때문에 죽음은 끝이 아니라 감각의 종료—우주가 조용히 퇴장하는 음악의 마지막 음표 같은 것이었다.

Chapter 43

불멸이란 착각일까?

쾰른 대성당의 어두운 회랑. 촛불 하나가 깜빡이고 있었다. 제스퍼는 대리석 기둥 아래 몸을 웅크리고 있었다. 깊은 밤의 침묵 속에서 기도하는 사람들의 낮은 숨소리가 울려 퍼졌다. 어떤 이는 무릎을 꿇고 있었고, 어떤 이는 눈을 감고 고개를 숙였다. 모두 마음속으로 같은 말을 반복하고 있었다.

"죽어도 나는 계속 있을 수 있을까?"

쇼펜하우어는 촛불을 바라보며 낮게 말했다.

"인간은 본능적으로 사라지고 싶어 하지 않아. 그래서 영혼을 발명했고, 불멸을 상상하지."

그는 성당 벽에 새겨진 무수한 천사의 형상, 날개, 황금빛 후광을 바라보며 씁쓸하게 웃었다. "이 모든 상징들은 결국 두려움을 가리기 위한 장치야. 불멸이라는 개념은 죽음의 공포를 포장하려는 방어기제에 불과해."

제스퍼는 질문했다.

"하지만 인간은 왜 그토록 간절히 불멸을 믿고 싶어 해?"

쇼펜하우어는 대답했다.

"왜냐하면 그들은 자신이 이 세계의 중심이라고 믿기 때문이야. 이 모든 경험, 기억, 감정이 단 한 번에 끝난다는 걸 받아들이기 어려운 거지. 불멸은 자기중심성의 환영이야."

그는 동양 철학에서 말하는 윤회의 개념을 떠올렸다. 그것은 불멸이 아니라 반복이었다. 끊임없는 의지의 흐름. 동일한 고통과 욕망의 재생. "나는 그런 불멸조차 거부해. 왜냐하면 진정한 평온은 반복이 아니라 멈춤에 있으니까."

그는 과거의 한 철학자를 언급했다. 플라톤은 영혼을 영원한 존재로 보았고, 데카르트는 의식을 '생각하는 실체'로 불멸화했다. 그러나 쇼펜하우어는 그것을 '서양의 오만'이라고 불렀다. "우리 안의 의식은 개체에 속해 있고, 개체는 죽는다. 단지 의지 그 흐름만이 계속될 뿐이지."

제스퍼는 어린 시절에 같은 마당에서 살던 고양이 한 마리를 떠올렸다. 그녀는 매일 같은 장소에서 햇살을 받으며 앉아 있었고, 어느 날 갑자기 사라졌다. 누구도 울지 않았고, 그녀를 기억한 이는 곧 사라졌다. 그러나 그 자리에 다시 다른 고양이가 와서 앉았다. 태양은 똑같았고, 자세도 비슷했고, 어쩌면 그건 또 다른 흐름이었다.

"그래서 나는 불멸을 거부해." 쇼펜하우어는 조용히 말했다. "왜냐하면 그것은 개체의 영속을 꿈꾸는 것이고, 그건 곧 의지의 지속이야. 고통의 연장이지. 진짜 해방은 사라지는 데 있어. 불멸이 아니라 무욕, 무의지, 무존재."

그는 제스퍼를 바라보며 웃었다. "너는 그걸 본능적으로 알고 있지. 고양이는 불멸을 바라지 않아. 지금 여기의 햇살이면 충분하지."

성당의 종이 울렸다. 기도하던 사람들은 천천히 일어났고, 촛불이 하나 둘 꺼져갔다. 제스퍼는 그 어두워지는 공간에서 아무것도 두렵지 않았다. 쇼펜하우어의 말처럼, 불멸이란 어쩌면 인간이 만든 가장 정교한 착각이었다. 죽음 이후에 '계속되기를 바라는' 그 마음 자체가 욕망이었다.

그리고 욕망은 곧 의지였다. 의지가 계속되는 한 고통도 계속된다.
그날 밤 제스퍼는 성당 문 앞에 앉아 잠들었다. 그는 처음으로 죽음을 상상했지만, 그 상상이 무서운 게 아니라 조용했다. 끝은 없었다. 그러나 끝을 바라는 그 순간 그는 이미 자유로워지고 있었다.

Chapter 44

죽음을 철학하는 삶

프라이부르크 외곽의 한 폐허가 된 수도원. 겨울의 마지막 햇살이 낡은 아치형 창문 틈으로 스며들고 있었다. 제스퍼는 벽난로도 없는 차가운 방바닥에 몸을 말고 있었다. 쇼펜하우어는 오래된 나무 의자에 앉아 창밖을 응시하고 있었다. 방 안에는 말이 없었고, 말 대신 시간이 가라앉아 있었다.

"삶이란 결국 죽음을 준비하는 일 아니겠나."

그가 문득 꺼낸 말에 제스퍼는 귀를 쫑긋 세웠다. 쇼펜하우어는 여느 때보다도 느리고 낮은 목소리였다. 그것은 문장이 아니라 깊이 침전된 사유의 표면이었다.

"사람들은 삶을 부지런히 말하지만 삶의 끝에 대해 말하는 걸 꺼려하지. 그건 공포 때문이 아니라 망각이지. 죽음이 늘 옆에 있다는 사실을 외면하려는 습관."

제스퍼는 침묵으로 동의했다. 그는 수없이 많은 죽음을 보아왔다.

새끼 고양이의 마지막 숨결, 인간 노인의 고요한 눈동자, 길가에 쓰러진 비둘기의 떨림. 그 모든 장면에서 느낀 건 두려움보다도 '완료'였다. 무언가가 마침표를 찍는 방식. 쇼펜하우어는 그것을 '삶의 음표'라 불렀다.

"진짜 철학은 죽음을 직시할 수 있는 용기에서 시작돼."

그는 칸트를 떠올렸다. "칸트는 도덕을, 데카르트는 이성을 말했지. 하지만 나는 '고통'에서 시작했어. 그리고 고통이 끝나는 자리가 곧 죽음이란 걸 인정했지."

제스퍼는 궁금했다. "그럼 죽음을 철학하는 삶이란 뭔가요?"

쇼펜하우어는 고개를 끄덕였다. "그건 죽음을 생각하며 사는 게 아니라, 죽음을 두려워하지 않는 방식으로 사는 거야. 지금 이 순간에 집착하지 않고, 미래를 소유하지 않으려 하고, '나'라는 환영에 매달리지 않는 삶."

그는 어린 시절 비 오는 날 유리창 너머로 지켜보던 검은 상여차를 기억했다. 그때 그는 처음으로 '나는 죽을 것이다'라는 생각을 품었고, 그 생각이 자기 철학의 씨앗이 되었다.

"우리는 매일 조금씩 죽고 있어. 피부는 닳고, 기억은 사라지고, 얼굴은 변해. 그런데도 우리는 변화를 거부해. 영원할 수 있다고 착각하지. 그래서 고통이 시작되는 거야."

제스퍼는 창밖을 보았다. 까마귀 한 마리가 죽은 나뭇가지 위에 앉아 있었다. 생명도, 죽음도, 고요하게 거기 있었다.

"죽음을 철학하는 자는 삶을 가장 진지하게 사는 자야."

쇼펜하우어는 덧붙였다. "왜냐하면 그는 모든 순간이 덧없음을 알기 때문에 그 순간을 가장 깊게 살지. 아무것도 집착하지 않으면서도 모든 것을 더 뜨겁게 보는 사람."

그날 밤 제스퍼는 쇼펜하우어의 무릎 위에 머리를 올리고 잠들었다. 창밖에는 별이 없었고, 달도 없었다. 하지만 어둠은 두렵지 않았다. 그것은 끝이 아니라 돌아가는 길처럼 느껴졌다.

죽음을 철학하는 삶은 슬픈 삶이 아니다. 그것은 비워진 삶이 아니라 가장 충만한 자각이다. 그 자각 속에서 고통은 줄고, 시간은 느려지고, 존재는 깊어진다.

그리고 그 삶만이 마지막 순간에 조용히 웃을 수 있다.

Chapter 45

죽음은 삶의 해독제

오스트리아 잘츠캄머구트 호숫가, 이른 봄의 아침. 물안개가 수면 위로 피어오르고 있었고, 산등성이에는 아직도 잔설이 남아 있었다. 제스퍼는 나무 선착장 끝에 앉아 있었다. 쇼펜하우어는 조용히 호숫가에 앉아 호수를 바라보고 있었다. 그들이 말없이 있는 시간은 더 이상 어색하지 않았다. 침묵은 이제 대화의 한 형식이었다.

"죽음은 삶의 해독제야."

쇼펜하우어는 그렇게 말하며 호수에 작은 조약돌 하나를 던졌다. 물결은 둥글게 퍼졌다. 제스퍼는 그 장면을 천천히 따라갔다. 아주 작은 것이 가장 넓은 울림을 만들고 있었다.

"삶은 중독처럼 흘러가. 우리는 계속해서 원하고, 기대하고, 소유하고, 좌절하지. 그건 끝없이 이어지는 의지의 연속이야. 의지는 멈추지 않고, 우리는 그 의지를 해소할 수 없지. 그래서 삶은 본질적으로 고통스러운 거야."

제스퍼는 기억했다. 인간들은 늘 더 많이, 더 오래, 더 높게를 말하며 지쳤고, 끝내 자신을 잃었다. 고양이들은 그렇지 않았다. 그들은 배부르면 눕고, 졸리면 잤다. 살아야 한다는 강박이 없었다. 하지만 인간은 살아 남아야 한다는 무의식 속에서 스스로를 조이고 있었다.

"그래서 죽음은 단순한 끝이 아니라 삶의 해독제야. 의지라는 거대한 중독을 끊을 수 있는 유일한 사건."

쇼펜하우어는 지난달 루이제의 장례식에서 한 발짝 뒤에 서 있었다. 사람들은 조화를 들고 울었고, 마지막 작별을 했다. 그는 울지 않았다. 그는 그가 할 수 있는 최고의 예를 보여줬다고 믿었다. 삶의 마지막까지 덜 욕망하고, 덜 소유하고, 더 내려놓은 사람. 죽음을 아름답게 받아들이는 법.

"죽음은 두렵지 않아." 쇼펜하우어는 말했다. "죽음을 두려워하는 건 삶에 중독된 자들의 반응이야. 아직도 원하는 게 남아 있는 사람들. 하지만 그걸 넘어서면 죽음은 독을 풀어주는 작용이 돼. 더는 고통을 확대하지 않아. 오히려 모든 감각을 가라앉히지."

제스퍼는 그 말을 따라가며 생각했다. 인간의 슬픔이란 때로는 해소되지 않는 욕망에 대한 저항처럼 느껴졌다. 그러나 죽음 앞에선 그마저도 의미가 없어졌다. 삶이 완성되는 순간 그것은 멈춤이고 정리였다.

"죽음은 잊힘이 아니라 통과야."

쇼펜하우어는 손등에 내려앉은 햇살을 바라보며 말했다. "'나'라는 개체가 사라지는 게 아니라, '나'라는 욕망이 멈추는 거지. 그 순간 진짜 자유가 시작돼. 그리고 그 자유는 삶의 해독으로서만 도달할 수 있는 것이야."

그날 저녁 제스퍼는 호수 앞 작은 여관 방에서 창밖을 바라보며 쇼펜하우어 곁에 누워 있었다. 두 존재는 아무 말도 하지 않았다. 그러나 그 침묵 속에는 수많은 문장이 담겨 있었다.

죽음은 삶의 반대가 아니었다. 죽음은 삶이 너무 오래, 너무 세게, 너무 간절하게 지속된 끝에 마침내 내리는 고요한 쉼표였다. 그리고 그 쉼표는 의지를 멈추게 했고, 그 멈춤 속에서 삶은 마침내 의미를 갖게 되었다.

제스퍼는 눈을 감았다. 그는 알았다. 그 해독은 아프지 않았다. 오히려 그것은 몸의 긴장을 풀어주는 마지막 손짓 같았다. 그리고 바로 그 순간 진짜 철학이 시작된다는 것을.

PART 10

삶을 철학으로 바꾸는 법

철학은 고통을 피하는 기술이 아니라, 고통을 통과해 의미를 발견하는 예술이다.

제스퍼는 쇼펜하우어와의 여정을 통해 '철학하는 삶'이란 단지 생각하는 것이 아니라,

바라보고 멈추고 반응하는 방식이라는 것을 깨닫는다. 마지막 PART 10에서는 철학

적 사유가 어떻게 일상과 행동, 그리고 감정 속에서 살아 숨 쉬는지를 다룬다.

Chapter 46

진짜 자유는 무엇인가

파리 생제르맹 거리, 늦은 오후. 제스퍼는 카페 드 플로르의 테라스 의자 밑에 몸을 말고 있었다. 겨울비가 지나간 뒤 거리는 젖어 있었고, 사람들은 코트를 여미고 바삐 걸었다. 쇼펜하우어는 창가에 앉아 크림이 올라간 커피잔을 손에 들고 있었다. 그의 눈은 신문을 읽고 있었지만, 귀는 거리의 소리에 집중하고 있었다.

"자유란 뭘까?"

그가 중얼거렸다. 제스퍼는 익숙하게 그의 발등에 머리를 얹었다. 쇼펜하우어의 질문은 언제나 느닷없었고, 결코 수사적인 것이 아니었다. 그는 진짜로 묻고 있었다. 진짜 자유가 무엇인지, 누가 그것을 말할 수 있는지를.

그 순간 카페 맞은편 골목에서 경찰이 청년 하나를 끌어내고 있었다. 그는 거칠게 저항했지만, 결국 길바닥에 무릎을 꿇었다. 손에 들고 있던 것은 낡은 책 한 권이었다. 몇 명의 시민이 스마트폰으로 그 장면을 찍었고, 몇몇은 고개를 돌렸다.

쇼펜하우어는 그 모습을 조용히 바라보았다. "사람들은 법과 질서를 지킬 때 자유롭다고 착각해. 하지만 저 청년이 더 자유로운 거야. 그는 명령에 따르지 않았지. 자기가 옳다고 믿는 걸 들고 있었어. 자유란 명령을 거부할 수 있는 힘이지, 그 명령이 옳다는 착각에 순응하는 게 아니야."

제스퍼는 머릿속으로 그 말을 되새겼다. '자유란 거부할 수 있는 힘.'

며칠 후 그들은 루브르 박물관 앞 광장을 거닐고 있었다. 한 화가는 거리에서 초상화를 그리고 있었고, 사람들은 그 앞에 줄을 섰다. 쇼펜하우어는 그 화가를 유심히 바라봤다. "저 사람도 자유로워. 그는 그릴 수 있는 것보다 그리고 싶은 걸 그리고 있어. 그게 경제적으론 별로 도움이 안 되더라도. 진짜 자유는 자기를 희생해서라도 자신을 지키는 상태지."

제스퍼는 언젠가 만난 고양이를 떠올렸다. 한 장님 음악가가 매일 거리 한구석에서 바이올린을 켜고 있었고, 그 옆엔 검은 고양이 한 마리가 항상 누워 있었다. 비가 오든, 바람이 불든, 그는 떠나지 않았다. 그는 길들여지지 않았고, 사료도 거절했다. 단지 음악이 멈출 때만 눈을 들었다.

그 고양이는 자유로웠다. 어떤 목적도 없고, 누구의 명령도 받지 않았다. 그는 존재 자체로 충분했다.

쇼펜하우어는 말했다. "우리는 자유를 너무 과대평가해. 마치 선택할 수 있다는 것 자체가 자유인 줄 알아. 하지만 대부분의 선택은 의지의 노예야. 더 많이, 더 좋게, 더 빠르게. 진짜 자유는 욕망이 침묵한 뒤에 남는 고요한 상태야. 그건 멈추는 힘이야. 하지 않을 수 있는 능력."

그는 자신이 철학을 시작했던 시절을 떠올렸다. 아버지의 기대, 사회의 압박, 철학계의 냉소. 모두가 그를 조종하려 했다. 그는 그중 어느 것도 따르지 않았다. 그래서 외로웠고, 실패했고, 오랫동안 무시당했다. 하지만 그는 자신이 자유롭다는 사실을 한 번도 의심한 적이 없었다.

"자유는 독립이 아니야. 자유는 내부의 결정이야. 외부의 모든 조건이 나를 누를 때, 내가 조용히 '그래도 아니야'라고 말할 수 있는 능력."

그날 밤 제스퍼는 쇼펜하우어와 함께 강변 벤치에 앉아 있었다. 바람은 거세게 불고 있었고, 사람들은 집으로 서둘렀다. 그들은 그곳에 한참을 앉아 있었다. 아무도 명령하지 않았고, 아무도 바라보지 않았다.

제스퍼는 그 순간이야말로 진짜 자유 같다고 느꼈다. 누구에게도 설명하지 않아도 되는 자리. 아무것도 바라지 않아도 되는 밤. 그곳에 그들은 존재하고 있었고, 그 존재는 조용히 말하고 있었다.

"자유는 아무도 모르게 선택한 '아니오'의 총합이야."

쇼펜하우어는 마지막으로 중얼거렸다. 제스퍼는 눈을 감았다. 자유란 자신으로부터도 벗어날 수 있는 단 하나의 힘이었다.

Chapter 47

고요한 삶을 위한 조건

바르샤바 외곽, 와지엔키 공원의 호수 옆. 제스퍼는 물가 근처 낙엽 위에 조용히 앉아 있었다. 오후의 햇살은 부드럽게 뺨을 스치고 있었고, 백조 한 마리가 천천히 물살을 가르고 있었다. 쇼펜하우어는 벤치에 앉아 책을 덮었다. 그 페이지에는 '고요함은 철학의 시작이다'라는 문장이 적혀 있었다.

"고요하게 산다는 건 뭘까."

그의 목소리는 나뭇잎 사이로 불어오는 바람처럼 가벼웠다. 제스퍼는 대답하지 않았다. 대신 바람과 함께 그 질문을 따라 흘러갔다. 고요한 삶. 그것은 단순히 조용한 삶이 아니라 방해받지 않는 내면의 안정. 과연 그것을 이루기 위해 필요한 조건은 무엇일까?

쇼펜하우어는 말했다. "첫 번째 조건은 분리야. 군중과 떨어지는 일. 세상의 소음에서 물러나야 비로소 자기 안의 소리를 들을 수 있어."

그는 어린 시절에 도시의 광장에서 사람들 틈을 헤매며 자신을 잃어갔던 기억을 꺼냈다. 모두가 말하고, 주장하고, 증명하려 애썼지만, 아무도 진짜로 듣고 있지 않았다. 그 속에서 고요란 존재하지 않았다. 그래서 그는 물러났다. 혼자 있는 법을 익혔고 거기서 처음으로 사유를 시작했다.

"두 번째는 절제야. 욕망이 많을수록 마음은 시끄러워지거든. 가질 수 있는 것이 많을수록 우리는 끊임없이 계산하게 돼. 그러면 고요는 틈도 없이 밀려나지."

제스퍼는 길에서 만난 한 부자를 떠올렸다. 그는 매일 아침 같은 시간, 같은 자리에서 커피를 마셨고, 사람들은 그를 부러워했다. 그러나 어느 날 그는 비서에게 짜증을 냈다. 커피의 온도가 마음에 들지 않았기 때문이다. 그렇게 사소한 것도 그를 불편하게 만들었다. 그건 부유함이 아니라 끊임없는 소음이었다.

"세 번째는 관조야. 모든 것을 참여하지 않고 바라보는 시선. 개입하지 않는 지혜. 그것이 있어야만 우리는 사건에 삼켜지지 않고 흐름 위에 머무를 수 있어."

그는 루브르에서 봤던 노화가를 떠올렸다. 그는 수많은 관람객들 사이에서 단 한 점의 그림 앞에만 오래 서 있었다. 그 어떤 작품도 그를 흔들지 못했다. 그는 보고 느꼈으나 붙잡지 않았다. 그 표정이야말로 고요한 삶의 흔적이었다.

제스퍼는 쇼펜하우어를 바라보았다. 그 역시 그렇게 살아왔다. 유명하지도 않고 찬사를 받지도 않았지만, 그는 고요했다. 그는 갖지 않기로 했고, 속하지 않기로 했고, 주장하지 않기로 했다. 대신 그는 관찰했고, 사유했고 멈췄다.

"고요는 선물이 아니야." 쇼펜하우어가 말했다. "그건 훈련의 결과지. 끊고, 멈추고, 비우는 반복 속에서 비로소 찾아오는 상태야."

그날 저녁 공원엔 안개가 내리기 시작했다. 제스퍼는 쇼펜하우어 옆에 앉아 눈을 감았다. 아무 말도 없었고, 아무 소리도 없었다. 그러나 그 안에는 세계가 있었다. 움직이지 않는 강물처럼 조용히 자신의 흐름을 따라가는 삶.

고요한 삶은 외부의 조용함이 아니라, 내부의 단단함이었다. 그리고 그것은 오직 철학을 통해 다다를 수 있는 침묵의 형태였다.

Chapter 48

쇼펜하우어식 일상 루틴

프랑크푸르트의 한적한 주택가, 마인 강변을 따라 난 오솔길. 제스퍼는 회색 벽돌집 앞에 앉아 있었다. 안에서는 타자기 소리가 들려오고 있었다. 규칙적이고 느리며, 고집스러운 리듬. 쇼펜하우어의 아침이었다.

그의 하루는 언제나 같았다. 정오 전엔 누구와도 만나지 않았고, 아침 식사는 오트밀과 얇게 자른 사과 몇 조각, 진한 커피 한 잔이었다. 말도 없이 식사를 끝낸 그는 곧장 책상 앞에 앉았다. 손엔 만년 필이 들려 있었고, 책상 위엔 손수 정리한 원고 더미가 정렬되어 있었다.

"철학은 반복에서 완성된다."

그는 제스퍼에게 말하곤 했다. "인간은 자신이 특별하다고 생각할수록 흔들려. 내가 매일 같은 시간에 일어나고, 같은 길을 걷고, 같은 책을 읽는 이유는 나 자신을 잊기 위해서야. 진짜 철학은 자기를 넘어서야 하거든."

매일 아침 그는 같은 길을 걸었다. 마인강을 따라 느릿하게 걷다가 늘 같은 벤치에 앉았다. 제스퍼는 그 옆을 따라 걸었다. 그는 지나가는 행인들에게 고개를 끄덕이긴 했지만, 대화를 나누는 일은 거의 없었다. 말은 책 안에서 충분했기 때문이었다.

오전 9시부터 12시까지는 절대 방해받지 않는 사유의 시간이었다. 그는 그 시간에 원고를 쓰고, 지난 철학자들의 문장을 다시 읽고, 낡은 사전을 펼쳐 단어 하나에 몰두했다. "의지가 멈추는 유일한 시간이지." 그가 말하곤 했다. "생각이 욕망을 끊는 순간이야."

그의 하루 루틴은 어찌 보면 기계적이었지만, 그 안에 자유가 담겨 있었다. 칸트처럼. 쇼펜하우어는 칸트를 존경했지만 동시에 그를 능가하고 싶어 했다. 칸트는 매일 정확히 같은 시간에 일어나 같은 시간에 산책(散步)을 나갔다. 너무나 정교해서 마을 사람들이 칸트의 외출 시간으로 시계를 맞췄다는 이야기까지 있다. 그의 산책은 비가 와도, 바람이 불어도 멈추지 않았다. 예외는 단 하나 장 자크 루소의 『에밀』을 읽은 날이었다.

쇼펜하우어 역시 그런 정교한 반복을 철학자의 품격이라 여겼다. 루소처럼 자유롭되 칸트처럼 조율된. "인간의 삶이란 얼마나 불완전한가. 그렇기에 매일의 반복이야말로 철학자가 자기 사유의 진정성을 유지하는 방법이지."

오후에는 카페를 찾기도 했다. 그러나 친구가 아닌 책과 함께였다. 그는 대화가 아닌 고독을 위해 공공장소에 나갔다. 그의 루틴은 단절이 아니라 정교한 연결이었다. 외부와의 느슨한 접촉을 유지하면서 내부에 집중하는 균형.

제스퍼는 그가 하는 행동 하나하나가 일종의 철학적 훈련처럼 느껴졌다. 마치 세계와 싸우지 않고 살아가는 법을 익히는 듯했다. 그는 말한다.

"나는 세계를 부정하지 않아. 다만, 거기에 너무 가까이 가지 않을 뿐이지."

잠들기 전 그는 잠시 제스퍼와 앉아 조용히 창밖을 바라봤다. 그 시간엔 어떤 글도 쓰지 않았고, 어떤 이론도 정리하지 않았다. 그는 그저 존재했다. 말없이 가만히 그리고 완전하게.

그의 일상은 화려하지 않았지만, 그 단조로움 속에 철학이 녹아 있었다. 자기 삶을 조율하는 기술, 자기 욕망을 걸러내는 장치, 그리고 자기 자신과 멀어지는 방식. 그것이 쇼펜하우어식 일상이었다.

프리드리히 니체는 그와 달랐다. 그는 새벽 5시에 일어나 산책하며 고독하게 쓰고, 낮이면 신경쇠약에 시달렸다. 루트비히 비트겐슈타인은 노르웨이의 외딴 산속에서 하루 한 문장을 쓰기 위해 모든 세계를 끊었다. 그리고 쇼펜하우어. 그는 프랑크푸르트의 작은 집 안에

서 아무도 모르게 조용히 똑같은 하루를 반복함으로써 고통을 다스
리고 있었다.

제스퍼는 그 루틴이야말로 철학이 '살아 있는 형태'라고 느꼈다.
아무도 보지 않아도, 누구에게도 설명하지 않아도, 그 규칙은 자신에
게 가장 정직했다. 그리고 고양이로서 그는 그 정직함을 누구보다 정
확히 알아차릴 수 있었다.

Chapter 49

고양이처럼 산다는 것

암스테르담의 운하가 얼기 시작하던 날, 제스퍼는 어느 골목길 벽난로가 있는 아틀리에 안에서 몸을 말고 있었다. 화가가 쓰다 남은 털붓과 종이조각들이 널브러진 바닥 위에서 그는 조용히 숨을 골랐다. 창밖에서는 자전거 바퀴가 눈을 밀며 지나가고 있었고, 안에서는 라디오에서 흘러나오는 바흐의 선율이 벽에 부딪혀 퍼지고 있었다.

제스퍼는 완벽하게 가만히 있었다. 숨소리 하나, 발끝 하나까지 조절된 침묵이었다. 고양이는 그렇게 산다. 아무도 시키지 않았지만, 그는 항상 어떤 조화 속에 존재하고 있었다. 움직일 때는 물처럼 흘렀고, 멈출 때는 돌처럼 고요했다.

그는 새벽의 소리도 알고 있었다. 인간이 깨닫지 못한 이른 시간의 냄새, 구름이 내리는 소리, 집 안 가구의 미세한 틈에서 불어오는 바람의 감각. 고양이는 세계를 '듣는' 동물이었다. 눈을 감고도 공간을 읽고, 귀를 기울이면 감정의 진동을 감지했다. 인간이 모르는 언어,

그것이 고양이의 호흡이었다.

제스퍼는 배가 고플 때만 울었다. 단 한 번. 그리고 다시 침묵했다. 그는 필요 이상을 요구하지 않았다. 고양이는 가난하되 비굴하지 않다. 배고픔은 견딜 수 있는 것이었고, 욕망은 절제 가능한 본능이었다. 고양이는 자기를 속이지 않았다. 그는 자기감정에 충실했다. 그러나 결코 그 감정의 노예는 아니었다.

쇼펜하우어는 그를 보며 말했다. "고양이는 의지를 이기는 존재야. 그는 가지고 싶다고 해서 모든 것을 갖지 않고, 싫다고 해서 모든 걸 파괴하지 않아. 그는 욕망을 느끼되 따르지 않는 기술을 타고났지."

고양이는 앙큼하거나 교활하지 않다. 그는 계산하지 않고, 불필요한 복수를 꿈꾸지 않는다. 단지 거리를 둘 뿐이다. 자신을 보호하기 위해 침묵을 선택한다. 누군가를 미워하지 않기 위해 가까워지지 않는다. 그 거리감은 냉정이 아니라 존중이다.

제스퍼는 매일 창문 너머로 하늘을 바라보았다. 하늘은 늘 같았지만 그는 그 변화를 감지했다. 온도, 습도, 새들의 음조, 모든 게 다르게 울렸다. 그는 그 안에서 '사는 법'을 배웠다. 대단한 일을 하지 않아도 존재는 충분히 충만할 수 있다는 사실.

고양이처럼 산다는 것은 시간에 속지 않는다는 것이다. 그는 미래를 걱정하지 않았다. 예측도, 계획도 없었다. 그러나 그 현재는 완전히 깨어 있었다. 낮잠을 잘 땐 아주 깊이 자고, 눈을 뜰 땐 눈동자가 바싹 살아 있었다. 고양이의 시간은 짧지만, 밀도가 있었다.

쇼펜하우어는 자주 말했다. "제스퍼는 철학적 존재야. 그는 소유하지 않고, 지배하지 않고, 설명하지 않아. 그는 다만 존재하고, 관조하고, 침묵하지. 그건 인간에게 가장 어려운 경지야."

고양이는 경쟁하지 않는다. 그는 다른 고양이와 굳이 싸우지 않으며, 자신의 영역을 필요 이상으로 넓히려 하지 않는다. 그는 살아가지만, 승부하지 않는다. 그건 약해서가 아니라 필요하지 않기 때문이다.

어느 날 밤 제스퍼는 쇼펜하우어의 원고 위에 조용히 올라갔다. 쇼펜하우어는 말없이 펜을 놓았다. 고양이는 눕고, 앞발을 접고, 눈을 천천히 감았다. 그리고 몇 초 후, 숨소리 하나 없이 잠들었다. 그 장면을 보며 쇼펜하우어는 중얼거렸다.
"아무것도 바라지 않고, 모든 걸 가진 자."

고양이처럼 산다는 것. 그것은 존재의 근육을 단단히 조율하는 일이다. 말없이 자기 자리를 알고, 감정에 끌려가지 않고, 관계에 휘둘리지 않는 일. 그것은 자기 안의 의지를 훈련하는 삶이고, 철학이 요구하는 가장 현실적인 자세였다.

제스퍼는 늘 그 자리에 있었다. 꾸미지 않았고, 흔들리지 않았고, 무엇보다 조용했다. 그 조용함이야말로 철학이었다. 삶이 아니라, 생존이 아니라, 존재 그 자체로 살아가는 기술.

그리고 그것은 인간에게 가장 어려운 질문이었다. 어떻게 하면 고양이처럼 살 수 있을까? 아무것도 주장하지 않고 모든 걸 통과하는 방식으로.

Chapter 50

삶의 의지를 부정한다는 것의 의미

프라이부르크의 마지막 눈이 녹아내리던 3월의 어느 날, 제스퍼는 쇼펜하우어와 함께 블랙 포레스트 산자락의 작은 언덕에 앉아 있었다. 바람은 더 이상 차갑지 않았고, 흙냄새와 나무 이끼 냄새가 코끝을 간질였다. 먼 언덕 너머로 사슴 한 마리가 조용히 걷고 있었다.

쇼펜하우어는 오래된 스케치북을 무릎 위에 올려놓고, 연필 대신 손가락으로 바람의 숨결을 느꼈다. 그는 말하지 않았다. 말하지 않아도 되는 순간이었다.

"삶의 의지를 부정한다는 건…"

제스퍼는 그 말의 끝을 기다렸다. 쇼펜하우어는 눈을 감은 채 입을 열었다.

"살기를 멈춘다는 뜻이 아니야. 다만 집착을 놓는 거지. 살되 더는 지배당하지 않는 것."

그의 목소리는 바람 같았다. 들리지만 흔들림이 없었다.

"우리는 태어나는 순간부터 원하지. 배고픔, 사랑, 성공, 불멸… 그 모든 욕망은 하나의 줄기에 뿌리박혀 있어. '나는 존재하고 싶다'는 절박한 의지. 그런데 그 의지가 고통을 만들어. 충족되지 않을 때도, 충족되었을 때도."

제스퍼는 쇼펜하우어가 떠올리는 얼굴들을 짐작할 수 있었다. 성공했으나 외로웠던 사람들, 사랑했으나 파괴당했던 사람들, 모든 걸 가졌으나 여전히 불안했던 이들.

"의지를 부정한다는 건 그 게임판을 내려놓는 일이야. 나라는 플레이어가 더는 이기거나 지지 않겠다고 말하는 거지."

그는 웃었다. "웃기지? 철학은 이기려는 것도, 지지 않으려는 것도 아닌데, 세상은 늘 싸우라고 하지."

쇼펜하우어는 돌 하나를 집어 들었다. 그 안엔 아무 욕망도, 계획도, 상처도 없었다. 그건 '존재' 그 자체였다. 그는 돌을 다시 내려놓았다. 그것이 바로 의지를 부정하는 몸짓이었다. 쥐지 않고 내려놓기.

"의지를 부정한다고 해서 삶을 포기하는 게 아냐. 오히려 삶을 더 깊이 받아들이는 거지. 그 흐름을 거스르지 않고, 그러나 휘둘리지도 않는 상태. 슬픔이 와도 그것을 고요히 겪고, 기쁨이 와도 붙잡지 않는 것."

그는 제스퍼의 머리를 쓰다듬었다.

"너는 그런 삶을 본능적으로 살아왔지. 배고프면 먹고, 졸리면 자고, 아프면 멈추지. 너는 존재의 흐름 속에서 저항하지 않아. 그게 가장 높은 단계야."

제스퍼는 눈을 감았다. 그 말은 칭찬이 아니었다. 하나의 관찰이었고 진실이었다. 그는 자신이 아무것도 이루려 하지 않기에 진짜로 존재하고 있음을 느꼈다.

쇼펜하우어는 마지막으로 중얼거렸다.

"삶의 의지를 부정한다는 건 더 이상 삶에 쫓기지 않는다는 뜻이야. 그리고 그때 처음으로 삶을 정말로 품을 수 있게 되지."

그 순간 산새 하나가 가지를 튕기듯 날아올랐다. 쇼펜하우어는 그것을 바라봤다. 아무 소리도 없었지만, 제스퍼는 그 장면에서 하나의 문장이 태어났다는 걸 알았다.

'멈춤은 소멸이 아니라 초월이다.'

그 문장은 어디에도 쓰이지 않았지만, 바람과 함께 퍼져나갔다. 그것이 삶의 마지막 철학이었다.

에필로그

에필로그

고양이 제스퍼의 마지막 메모

나는 말이 없지만 오래도록 곁에 있었다. 눈을 감고 있어도 세상을 보았고, 말하지 않아도 마음을 읽었다. 쇼펜하우어는 그런 나를 '철학 탐정'이라 불렀지만, 사실 나는 그저 '고요한 관찰자'였는지도 모른다. 인간이 질문을 만들어낼 때 나는 그 질문이 어디서 왔는지를 가늠하는 일을 해왔다.

그와 함께한 시간 동안 나는 많은 사람을 만났고, 많은 고통을 스쳤다. 누군가는 사랑을 쫓다가 무너졌고, 누군가는 죽음을 준비하면서 웃었다. 어떤 이는 철학을 들고 세상을 설득하려 했고, 어떤 이는 그냥 조용히 나무 옆에 앉아 있었다. 모두가 다르게 사는 것 같았지만, 사실은 같은 흐름 속에 있었다. 의지라는 이름의 거대한 강물 안에서.

쇼펜하우어는 철학자였다. 그러나 그는 가르치지 않았다. 다만 자신을 단련했고, 자신을 관찰했고, 자신을 내려놓았다. 나는 그의 무릎 위에서, 그의 창밖에서, 그의 식탁 밑에서 그걸 지켜보았다. 철학이란 말이 아니라 태도라는 걸 그는 그 모든 반복된 일상으로 보여 주었다.

　나는 그의 마지막 노트를 들여다보았다. 아무 문장도 쓰여 있지 않았지만, 페이지는 누렇게 바래 있었다. 그것은 '말해지지 않은 철학'이었고, 동시에 가장 완성된 철학이었다. 멈춘 펜 끝에서 진짜 사유는 시작되었고, 멈춘 몸의 온기 속에서 진짜 고요가 피어났다.

　나는 고양이다. 삶을 거창하게 꾸미지 않고, 죽음을 피하려 하지 않는다. 배고프면 울고, 배부르면 잔다. 누군가를 사랑하면 다가가고, 마음이 불편하면 물러난다. 나는 단순하게 존재했다. 그러나 그 단순함은 결코 얕지 않았다. 쇼펜하우어는 그것을 보았고, 나는 그의 철학 속에서 내가 누구인지 조금씩 이해해 갔다.

　이제 나는 안다. 삶은 완성되지 않아도 괜찮고, 죽음은 끝이 아니라 조용한 사라짐일 뿐이라는 것을. 우리는 늘 뭔가 되려고 애쓰지만, 진짜로 존재하는 건 그 애씀이 멈췄을 때 찾아온다. 철학이 말해주지 못하는 것을 나는 살며 배웠다. 그리고 멈춰 서며 알게 되었다.

어느 날 밤 그가 내게 마지막으로 말했다.

"제스퍼, 네가 한마디도 하지 않고도 나를 가장 깊이 이해해주었어."

나는 그 말이 이 책의 모든 문장보다 더 무겁다고 느꼈다. 인간이 오랜 시간 동안 쓰고 지우고 되뇌며 말하려 했던 모든 철학의 핵심이 사실은 그 한 문장에 들어 있었다.

나는 이제 다시 조용히 창밖으로 나간다. 봄의 풀잎 냄새가 퍼지고 있고, 저녁별이 막 떠오르고 있다. 나는 걸어간다. 말없이, 가볍게. 그리고 당신에게 이 책을 건넨다. 한 장 한 장을 넘기며 당신만의 고요한 질문을 시작하길 바란다. 답은 필요하지 않다. 살아 있는 질문이면 충분하다.

그리고 언젠가 당신이 조용히 한숨을 내쉴 수 있는 순간이 온다면, 나는 당신 곁의 의자 밑 어딘가에서 조용히 눈을 감고 있을 것이다. 아주 고요한 그러나 함께 있는 방식으로.

작가 후기

나는 『고양이도 이해하는 쇼펜하우어』를 쓰면서 주변의 고양이들을 오랫동안 관찰했다. 그들은 늘 말이 없지만, 모든 것을 알고 있었다. 고양이란 놈들은 사람보다도 훨씬 깔끔하고, 사색적이고, 무엇보다 존엄했다. 어딘가 존경스럽기까지 했다. 그래서 자연스럽게 철학 탐정 제스퍼가 등장하게 되었다.

어렵다고 여겨지는 철학, 특히 쇼펜하우어 같은 사유의 깊은 심연을 어떻게 하면 조금 더 친근하게 풀어낼 수 있을까 고민하다가, 고양이 제스퍼를 통해 이야기하는 방식으로 이 책을 써내려갔다. 그는 단순한 화자가 아니다. 그는 고요하게 세계를 관찰하고, 묻지 않고 이해하며, 존재하는 것만으로 철학을 증명하는 존재다.

나는 철학이 말로 가득한 학문이 아니라, 침묵의 태도라는 걸 고양이를 통해 배웠다. 철학이란 질문을 그치지 않는 능력이고, 고통 속에서도 멈추지 않고 바라보는 용기다. 그런 의미에서 이 책이 당신에게도 조용한 질문 하나를 던져주었기를 바란다.

이 책을 펼쳐든 당신이 제스퍼를 통해 쇼펜하우어를 만나고, 그의 철학을 조금이라도 몸으로 느낄 수 있었다면, 나는 그것으로 충분하다. 철학은 이해하는 것이 아니라 함께 머무는 것이니까.

　다음 책에서는 또 다른 철학자, 또 다른 고양이와 함께 조금은 다른 장소에서 당신을 기다릴 것이다. 그때도 다시 이 페이지처럼 당신의 조용한 시선과 함께할 수 있기를.
　고양이처럼
　그리고 철학처럼.

부록

쇼펜하우어의 대표작 《의지와 표상으로서의 세계》
-깊이 있는 해설

아르투어 쇼펜하우어(Arthur Schopenhauer)의 대표작 《의지와 표상으로서의 세계》(Die Welt als Wille und Vorstellung)는 1818년에 초판이 출간되고, 이후 1844년 개정판에서 두 배 이상의 분량으로 확대된 대작이다.

이 책은 칸트의 인식론을 계승하면서도, 그것을 넘어선 독자적인 형이상학 체계를 구축한 작품으로, 철학 · 예술 · 윤리 · 형이상학 · 미학 · 인생관 전반에 걸친 독창적인 시각을 담고 있다. 이 부록에서는 《의지와 표상으로서의 세계》의 목차별 구조에 따라 그 핵심 내용을 해설한다.

Ⅰ부: 세계는 나의 표상이다(Erste Buch – Die Welt als Vorstellung)

Ⅰ부는 칸트의 『순수이성비판』의 인식론을 계승하면서 세계에 대한 인간의 인식을 '표상(Vorstellung)'의 개념으로 설명한다. 쇼펜하우어에 따르면 우리가 경험하는 세계는 '존재 그 자체'가 아니라, 오직 인

간의 인식 작용을 통해 나타나는 '표상된 세계'다. 즉 시간, 공간, 인과성은 외부 세계의 본질이 아니라, 인간 주관이 갖고 있는 인식의 틀이다. 이러한 틀을 통해 나타나는 것이 바로 우리가 사는 세계.

I부에서 쇼펜하우어는 "세계는 나의 표상이다"라는 명제를 통해 우리가 경험하는 모든 것은 인식 주체(자아) 없이는 존재할 수 없으며, 결국 모든 존재는 주체의 시야 안에서만 의미를 갖는다고 주장한다. 이 논리는 철저히 칸트적이지만, 동시에 칸트보다 더 급진적으로 주체 중심적인 세계관을 설파한다.

II부: 세계는 의지이다(Zweite Buch – Die Welt als Wille)

II부에서는 세계의 본질을 '의지(Wille)'로 파악한다. 여기서 의지는 인간의 의식적 의도와는 다른 무의식적이고 비합리적이며 충동적인 생명적 힘이다. 쇼펜하우어는 인간뿐 아니라 동물, 식물, 무생물까지도 이 의지의 다양한 표현이라고 본다. 이 세계는 어떤 목적을 향한 이성적 질서가 아니라, 맹목적이고 끊임없이 욕망하고 충돌하는 의지의 장이다.

그는 칸트가 말한 '물자체(Ding an sich)'를 바로 이 의지로 규정한다. 우리가 감각을 통해 알 수 없는 세계의 본질은 바로 이 충동적인 힘이다. 이 의지는 고통과 결핍을 낳고, 이 고통이 삶의 실체라는 그의 철학적 비관주의의 토대가 된다. 삶이란 끊임없는 욕망의 순환이며, 충족은 순간적일 뿐이다. 따라서 인간 존재는 본질적으로 고통의 굴레 속에 갇혀 있다는 결론에 도달한다.

III부: 미적 관조와 예술(Dritte Buch – Die Welt als Vorstellung: Ästhetik)

III부는 고통으로부터의 해방 가능성을 예술에서 찾는다. 인간은 의지의 작동을 일시적으로 멈추는 순간을 경험할 수 있는데, 그것이 바로 미적 관조의 순간이다. 즉, 사물을 욕망이나 목적 없이 바라볼 때, 우리는 사물 그 자체, 즉 플라톤적 이데아를 직관하게 된다.

예술은 이러한 미적 직관을 가장 순수한 형태로 보여준다. 회화, 조각, 건축, 시, 음악 등의 예술은 의지로부터 해방된 무욕의 상태를 가능케 한다. 특히 음악은 쇼펜하우어에게 가장 순수한 예술로 간주된다. 음악은 감각의 세계를 매개하지 않고, 곧바로 의지를 형상화하는 예술이며, 그러한 점에서 가장 심오한 해방의 매개가 된다.

III부에서는 각 예술 장르에 대한 쇼펜하우어의 분석도 제시된다. 예컨대, 회화는 이데아의 형상이고, 비극은 인간이 의지를 초극하려는 투쟁의 표현이다. 그는 미적 체험이란 욕망의 중단이며, 그것이야말로 삶에서 가장 순수하고 자유로운 순간이라고 강조한다.

IV부: 윤리, 금욕, 해탈(Vierte Buch – Die Welt als Wille: Ethik)

IV부는 의지의 세계에서 윤리적 해방이 어떻게 가능한지를 다룬다. 쇼펜하우어는 인간이 의지를 포기할 수 있는 유일한 계기를 '연민(Mitleid)'에서 찾는다. 연민은 타인의 고통을 자기의 고통처럼 느끼는 감정이며, 여기서 이기적 의지가 약화되고 해체되기 시작한다.

IV부에서 제시되는 윤리는 전통적 도덕률과는 다르다. 그는 칸트식의 의무 윤리나 공리주의적 계산에 거리를 두고, 연민을 가장 원초적인 윤리의 출발점으로 삼는다. 그리고 이 연민이 발전하면, 결국 의지의 전체적인 부정을 통해 해탈에 도달할 수 있다고 본다.

금욕주의는 바로 이 해탈의 실천적 방식이다. 더 이상 욕망하지 않고, 더 이상 존재를 고집하지 않으며, 모든 의지를 중단시키는 삶. 그것이야말로 고통의 구조로부터 탈출하는 유일한 길이다. 그는 이를 동양의 불교와 힌두교 사상과 비교하며 해석한다. 이 세계는 넘어서야 할 고통의 장이며, 해탈은 욕망 없는 침묵 속에서만 도달 가능하다는 것이다.

맺음말

1844년 출간된 개정판에서는 각 장에 대한 보충 설명과 독자적 예시가 포함된다. 특히 그는 이 책이 철학의 어떤 문제를 어떻게 다루는지 스스로 상세히 해설하며, 앞서 나온 개념들을 일상적, 문학적, 예술적 사례를 통해 풀어낸다. 이 부는 읽기 쉽지는 않지만, 그의 전체 철학 체계를 통합적으로 이해하기 위해선 중요한 역할을 한다.

《의지와 표상으로서의 세계》는 철학적으로도 문학적으로도 독창적인 저작이다. 삶은 고통이라는 절망의 진단에서 시작하여, 예술과 금욕이라는 해방의 가능성으로 나아가는 이 철학은 단지 이론이 아니라 하나의 삶의 태도다. 그리고 그것은 지금도 유효하다. 우리는 여전히 '표상된 세계' 속에서 살아가고 있고, '의지'라는 고통의 근원과 대면하며, 예술과 연민을 통해 잠시 그것을 넘어서려 애쓰고 있기 때문이다.

쇼펜하우어 명언 모음

"재능은 아무도 맞힐 수 없는 과녁을 맞힌다. 천재는 아무도 볼 수 없는 과녁을 맞힌다."

"인간은 혼자일 때만 진정으로 자기 자신이 될 수 있다. 고독을 사랑하지 않는다면 자유도 사랑하지 않는 것이다. 진정으로 자유로운 것은 혼자 있을 때뿐이기 때문이다." – **아르투어 쇼펜하우어, 에세이와 아포리즘**

"대부분의 경우 어떤 것이 얼마나 소중한지는 그것을 잃고 나서야 비로소 알게 된다." – **아르투어 쇼펜하우어, 부록과 잔여**

"모든 인간은 자신의 시야의 한계를 세계의 한계로 착각한다."
– **아르투어 쇼펜하우어, 비관주의 연구: 에세이들**

"동물이 권리가 없다는 전제와 우리가 그들을 어떻게 다루든 도덕적으로 무의미하다는 환상은 서구적 야만성과 조잡함의 극단적인 사례다. 보편적 연민만이 도덕성의 유일한 보장이다." – **아르투어 쇼펜하우어, 도덕의 기초**

"자기 안에서 행복을 찾기는 어렵지만, 다른 어느 곳에서도 찾는 것은 불가능하다."

"어리석은 자들을 위해 글을 쓰는 사람은 항상 많은 독자를 확보한다."
– 아르투어 쇼펜하우어, 종교: 대화와 기타 에세이들

"사람들은 자살이 비겁함의 극치라고 말하지… 자살은 잘못된 일이라고. 하지만 사실 세상 그 무엇보다 인간이 가장 확실하게 소유한 것이 자기 생명과 육체라는 점을 감안하면, 자살만큼 확실한 권리도 없다."

"자랑스러워할 만한 것이 전혀 없는 불쌍한 바보는 마지막 수단으로 자신이 속한 국가에 대한 자부심을 갖는다. 그는 자신의 열등감을 보상받기 위해 국가의 모든 결점과 어리석음을 맹렬히 옹호할 준비가 되어 있고 기꺼이 그렇게 한다." – 아르투어 쇼펜하우어, 에세이와 아포리즘

"동물에 대한 연민은 성격의 선량함과 밀접하게 관련되어 있으며, 동물을 잔인하게 대하는 사람은 결코 좋은 사람이 될 수 없다고 단언할 수 있다." – 아르투어 쇼펜하우어, 도덕의 기초

"인간은 자신이 원하는 것을 할 수 있다. 그러나 자신이 원하는 것을 원할 수는 없다." – 아르투어 쇼펜하우어, 에세이와 아포리즘

"우리가 책을 읽을 때, 다른 사람이 우리를 대신해 사고한다. 우리는 단지 그들의 정신 과정을 반복할 뿐이다. 독서는 생각을 대신하는 일이고,

너무 많은 독서는 결국 사유 능력을 잃게 만든다. 스스로 생각하지 않는 독서는 정신의 병이다." – 아르투어 쇼펜하우어, 에세이와 아포리즘

"읽지 않는 기술도 아주 중요하다. 그것은 대중이 관심을 갖는 것에는 관심을 갖지 않는 것이다. 바보들을 위한 글은 항상 많은 독자를 거느린다. 좋은 책을 읽기 위한 전제는 나쁜 책을 읽지 않는 것이다. 인생은 짧다."
– 아르투어 쇼펜하우어, 에세이와 아포리즘

"삶은 끊임없는 죽음의 과정이다."

"책을 살 때 우리는 낙관적으로 그것을 읽을 시간까지 사는 것이라 믿는다."

"유머 감각은 인간의 유일한 신적인 자질이다."

"지성이 높은 사람일수록 비사교적이다."
– 아르투어 쇼펜하우어, 인생의 지혜와 충고와 격언

"우리는 다른 사람들과 같아지기 위해 우리 자신의 4분의 3을 포기한다."

"우리가 다른 사람들의 마음속을 별로 신경 쓰지 않게 되는 건, 그들의 생각이 얼마나 얕고, 시야가 좁고, 오류가 많은지를 알게 되었을 때다. 다른 사람의 의견에 큰 가치를 두는 자는 그들에게 과한 경의를 바치고 있는 것이다." – 아르투어 쇼펜하우어, 철학

"만약 아이들이 순수한 이성에 의해서만 세상에 태어난다면, 인류는 존속할 수 있었을까? 아마도 아직 태어나지 않은 세대에 대한 연민으로, 인간은 그 존재의 짐을 지우지 않았을 것이다."

– 아르투어 쇼펜하우어, 비관주의 연구: 에세이

"예의 바르다는 건 현명한 일이다. 따라서 무례한 건 어리석은 짓이다. 굳이 적을 만들면서 무례하게 굴 필요는 없다. 예의는 위조된 동전 같은 것이지만, 그것을 아낄 이유는 없다."

– 아르투어 쇼펜하우어, 인생의 지혜와 충고와 격언

"젊은이들을 불안하게 하고 우울하게 만드는 것은 삶에서 반드시 만나야 한다는 확고한 믿음으로 행복을 쫓는 것이다. 여기에서 끊임없이 잘못된 희망이 생겨나고, 불만도 생긴다. 막연한 행복의 기만적인 이미지가 꿈 속에서 우리 앞에 어른거리고, 우리는 그 원형을 헛되이 찾는다. 젊은이들에게 세상이 줄 수 있는 것이 별로 없다는 것을 조기에 가르쳤다면 훨씬 나았을 것이다."

"아무것도 없는 것이 더 나았을 것이다. 지구상에 존재하는 쾌락보다 고통이 훨씬 더 크고, 모든 만족은 잠시일 뿐이며, 새로운 욕망과 고통을 낳는다. 잡아먹히는 동물의 고통은 포식자의 즐거움보다 언제나 더 크다."

"종교는 동물 훈련 기술의 걸작이다. 그것은 사람들이 어떻게 생각해야 하는지를 훈련시키기 때문이다."

"위대한 사람들은 독수리와 같아서, 높은 고독 속에 둥지를 짓는다."

"가장 값싼 자부심은 국수주의다. 자기 자신에 자랑할 것이 없는 사람일수록 민족적 자부심에 기대며, 민족의 어리석음까지도 온몸으로 방어한다. 진정으로 훌륭한 사람은 자기 민족의 단점을 가장 먼저 본다. 왜냐하면 그는 그 민족의 수준을 넘어 있기 때문이다."

"그러므로 문제는 아무도 아직 보지 못한 것을 보는 것이 아니라, 모든 사람이 보는 것에 대해 아무도 아직 생각하지 못한 것을 생각하는 것이다."

"인생은 고통과 권태 사이를 오가는 추처럼 흔들린다."

"가시 없는 장미는 없지만, 장미 없는 가시는 많다."

"책이 없었다면 문명의 발전은 불가능했을 것이다. 책은 변화의 엔진이자, 세계로 향하는 창문이며, 시인이 말했듯이 '시간의 바다에 세워진 등대'이다. 책은 동반자, 스승, 마법사, 정신의 보물의 은행가이며, 인쇄된 인류이다."

"희망은 어떤 것에 대한 욕망과 그것의 개연성을 혼동하는 것이다."
– 아르투어 쇼펜하우어, 에세이와 아포리즘

"우리 삶은 아무것도 없는 행복한 고요 속에 괜히 끼어든 불필요한 사건이라고도 볼 수 있다."

"결혼은 자신의 권리를 절반으로 줄이고 의무를 두 배로 늘리는 것을 의미한다."

"인간의 삶은 어떤 종류의 실수일 수밖에 없다. 인간이란, 채우기 힘든 욕구와 결핍으로 구성되어 있으며, 그것들이 채워진다 해도 고작 고통이 없는 상태에 이를 뿐이다. 그 후엔 남는 게 지루함밖에 없다. 삶에 내재적인 어떤 긍정적 가치가 있었다면, 지루함이란 감정 자체가 존재하지 않았을 것이다." – 아르투어 쇼펜하우어, 비관주의 연구: 에세이들

"매우 불행하지 않는 가장 안전한 방법은 매우 행복할 것이라고 기대하지 않는 것이다."

"철학은 과학이다. 그러므로 그 안에 어떤 신념 조항도 있을 수 없다. 철학 안에서는, 실증적으로 주어졌거나 반박 불가능한 논리를 통해 입증된 것 외엔 아무것도 존재한다고 가정할 수 없다."
– 아르투어 쇼펜하우어, 부록과 잔여

"나는 여성에 대해 아직 마지막 말을 하지 않았다. 나는 여성이 대중으로부터 벗어나거나, 오히려 대중 위로 자신을 끌어올리는 데 성공한다면, 남성보다 끊임없이 더 성장한다고 믿는다."
– 아르투어 쇼펜하우어, 쇼펜하우어와 철학의 격동기

"모든 이별은 죽음의 전조이며, 모든 재회는 부활의 암시이다."

"독서란 곧 스스로 생각하는 능력의 대체물이다. 그것은 다른 사람이 당신의 사고를 대신하도록 허락하는 것이다. 책을 많이 읽는 것은, 얼마나 다양한 방식으로 잘못될 수 있는지를 보여줄 뿐이다. 독서는, 당신 자신의 사유가 고갈될 때만—물론 그럴 때는 자주 온다—허용되어야 한다. 독서를 위해 당신 자신의 생각을 버리는 것은 마치 자연의 풍경을 버리고 풍경 사진첩을 보는 것과 같다." – 아르투어 쇼펜하우어, 에세이와 아포리즘

"음악이 이해는 쉽지만 설명은 불가능할 정도로 깊은 까닭은, 그것이 우리 내면 깊은 모든 감정을 재현하되, 실제와는 동떨어진 방식으로 표현하기 때문이다. 음악은 삶의 본질을 표현하지, 삶의 사건들을 표현하지 않는다."

"개인의 삶은 전체적으로, 그리고 일반적으로 보아, 가장 중요한 특징들만 강조될 때, 진정으로 비극이다. 그러나 상세히 살펴보면 희극의 성격을 띤다." – 아르투어 쇼펜하우어, 의지와 표상으로서의 세계, 제1권

"쾌락은 우리가 기대했던 것만큼 결코 즐겁지 않고, 고통은 항상 더 고통스럽다. 세상의 고통은 항상 쾌락보다 크다. 믿지 않는다면, 서로를 잡아먹는 두 동물의 각각의 감정을 비교해 보라."

"그토록 자주 애도되는 인생의 짧음이, 아마도 인생의 가장 좋은 점일 것이다."

"만약 내가 내 비밀에 대해 침묵을 지킨다면 그것은 나의 죄수이다. 만약

내가 그것을 입 밖에 낸다면, 나는 그것의 죄수이다."

"부(富)는 바닷물과 같다. 마실수록 목이 마르다. 명예도 마찬가지이다."

"위장을 과식으로 망치면 몸 전체가 망가지듯, 정신도 과도한 지식으로 질식할 수 있다. 너무 많은 것을 읽으면 읽은 것이 뇌에 남지 않는다. 정신은 낙서투성이의 칠판과 같아져 반추할 수 없다. 반추 없이 읽은 것은 뿌리를 내리지 못한다."

"우리의 거의 모든 슬픔은 다른 사람들과의 관계에서 비롯된다. 세속적인 삶보다 더 잘못된 행복의 길은 없다."

"변화만이 영원하고, 끊임없고, 불멸이다."

"나쁜 책은 너무 적게 읽을 수 없고, 좋은 책은 너무 많이 읽을 수 없다. 나쁜 책은 지적 독극물이며, 정신을 파괴한다. 좋은 것을 읽기 위해서는 나쁜 것을 결코 읽지 않는 것을 조건으로 삼아야 한다. 인생은 짧고, 시간과 힘은 제한되어 있기 때문이다." – **아르투어 쇼펜하우어, 에세이와 아포리즘**

"나는 오랫동안 누구나 방해받지 않고 견딜 수 있는 소음의 양이 그의 정신적 능력에 반비례하며, 따라서 그것을 꽤 공정한 척도로 간주할 수 있다는 의견을 가지고 있었다."

"우리는 가진 것을 거의 생각하지 않고, 항상 부족한 것만 생각한다."

"만약 우리 모두가 자신에게 그토록 관심이 없다면, 인생은 너무나 재미없어서 아무도 견딜 수 없을 것이다."

"바랐던 것을 얻는다는 건, 그게 헛된 것임을 알게 된다는 뜻이다. 우리는 늘 더 나은 것을 기대하며 살아가지만, 동시에 지난 것을 후회하곤 한다. 반면, 현재는 그저 목적지를 향해 지나가는 임시적인 과정으로 여겨진다. 그래서 대부분의 사람들은 삶을 되돌아볼 때, 그들이 기다리며 놓쳐버린 시간이 바로 '삶 그 자체'였음을 알고 놀라게 된다."

"질투는 인간적이다. 하지만 남의 불행을 즐기는 건 악마다."
— 아르투어 쇼펜하우어, 인간 본성에 대하여

"만약 우리가 어떤 사람이 거짓말을 한다고 의심한다면, 우리는 그를 믿는 척해야 한다. 그러면 그는 대담해지고 확신에 차서 더욱 격렬하게 거짓말을 하고, 결국 가면이 벗겨진다."

"신앙은 사랑과 같다. 강요될 수 없다."

"어느 날 문득, 남자는 엄청난 놀라움과 함께 자신이 존재하고 있음을 발견한다. 수천 수만 년 동안 존재하지 않던 상태에서 잠시 존재했다가, 다시 수천 수만 년 동안 존재하지 않는 상태로 돌아간다. 그 사실 앞에서 마음은 반발하며 그것이 진실일 리 없다고 느낀다."

"당신이 죽은 후에는 당신이 태어나기 전의 모습으로 돌아갈 것이다."

"생각할 수 있는 사람은 극히 드물지만, 모든 사람은 의견을 갖고 싶어한다. 그러니 스스로 의견을 형성하는 대신 다른 사람에게서 이미 만들어진 의견을 받아들이는 것 외에 무엇이 남겠는가?"
– 아르투어 쇼펜하우어, 언제나 옳게 되는 기술

"평범한 사람들은 어떻게 시간을 '쓸' 것인가를 생각할 뿐이지만, 재능 있는 사람은 그것을 '이용'하려고 노력한다."

"인간은 자신이 원하는 것을 할 수 있지만, 자신이 원하는 것을 원할 수는 없다."

"독서는 자신의 머리가 아닌 다른 사람의 머리로 생각하는 것이다."
– 아르투어 쇼펜하우어, 문학의 기술

"부주의하게 글을 쓰는 사람은 처음부터 자신의 생각에 큰 중요성을 부여하지 않는다고 고백하는 것이다."

"홀로 있는 것은 모든 위대한 정신의 운명이다. 때로는 슬퍼하지만, 여전히 두 가지 악 중 덜 심각한 것으로 항상 선택되는 운명이다."

"밖에서 이기기 위해 안에서 지는 것은 큰 어리석음이다."

"단 하나의 선천적인 오류가 있는데, 그것은 우리가 행복하기 위해 존재한다는 생각이다.–이 선천적인 오류를 고집하는 한–세상은 우리에게 모순으로 가득 차 보인다. 왜냐하면 크고 작은 모든 일에서 우리는 세상과 삶이 분명히 행복한 존재를 유지하기 위해 마련된 것이 아니라는 것을 경험할 수밖에 없기 때문이다. 따라서 거의 모든 노인들의 얼굴에는 실망이라고 불리는 표정이 나타난다."

"세상 어디에도 얻을 만한 것은 많지 않다. 고통과 불행으로 가득 차 있으며, 인간이 이것들을 피한다 해도 모든 구석에서 권태가 그를 기다린다. 아니, 더욱이 악이 일반적으로 우위를 점하고, 어리석음이 가장 큰 소리를 낸다. 운명은 잔인하고 인류는 불쌍하다."
— 아르투어 쇼펜하우어, 인생의 지혜

"소설가의 임무는 위대한 사건을 이야기하는 것이 아니라, 작은 사건을 흥미롭게 만드는 것이다." — 쇼펜하우어 작품집: 인생의 지혜와 기타 에세이들

"우리가 어떤 식으로든 우리에게 해로울 수 있는 말을 불쑥 내뱉는 경우가 종종 있지만, 우리를 우스꽝스럽게 보이게 할 수 있는 것에 대해서는 침묵한다. 왜냐하면 이 경우 결과가 원인에 매우 빠르게 뒤따르기 때문이다."

"만약 삶-그것에 대한 갈망이 우리 존재의 본질이라면-이 어떤 긍정적인 내재적 가치를 가지고 있다면, 권태라는 것은 전혀 없을 것이다. 단순한 존재 자체가 우리를 만족시킬 것이고, 우리는 아무것도 원하지 않을 것이다." — 아르투어 쇼펜하우어, 존재의 허무함

"개인이 스스로에게 어떤 존재인지, 그의 고독과 고립 속에서 그와 함께 머무는 것, 그리고 아무도 그에게서 빼앗거나 줄 수 없는 것, 이것은 그가 소유한 모든 것 또는 다른 사람들의 눈에 그가 어떤 존재인지보다 분명히 그에게 더 본질적이다."

"세상을 일종의 지옥으로 여기고, 불에 노출되지 않을 작은 공간을 확보하는 데 노력을 국한하는 우울한 견해를 취하는 데에는 일종의 지혜가 있다." - 아르투어 쇼펜하우어, 인생의 지혜와 충고와 격언

"악당들은 항상 사교적이며, 인간의 성격에 어떤 고귀함이 있다는 가장 주된 표시는 다른 사람들과의 교제에서 그가 느끼는 작은 즐거움이다."

"우리 삶의 장면들은 거친 모자이크 그림과 유사하다. 가까이서 보면 효과가 없고, 아름답게 보려면 멀리서 봐야 한다. 그렇기 때문에 바라는 것을 얻는 것은 그것이 얼마나 헛된 것인지 깨닫는 것이며, 우리가 평생 더 나은 것을 기대하며 살지만, 동시에 지나간 것에 대해 후회하며 그리워하는 경우가 많은 이유이다. 반면에 현재는 일시적인 것이며, 우리의 목표로 가는 유일한 길로서만 여겨진다. 그렇기 때문에 대부분의 사람들은 자신의 삶을 되돌아볼 때, 평생 임시변통으로 살아왔으며, 무심히 지나쳐 버리고 즐기지 못했던 바로 그것이 그들의 삶이었고, 바로 그것을 기대하며 살았다는 사실에 놀란다." - 아르투어 쇼펜하우어, 에세이와 아포리즘

"음악은 세계라는 텍스트를 가진 멜로디이다."

"세상은 지옥이고, 인간은 한편으로는 고통받는 영혼이고 다른 한편으로는 그 안의 악마들이다."

"정상적인 인간 지성이 얼마나 보잘것없고 제한적인지, 그리고 인간 의식에 얼마나 적은 명료성이 있는지는 인간 삶의 덧없는 짧음, 우리 존재의 불확실성, 그리고 모든 방향에서 우리를 압박하는 수많은 수수께끼에도 불구하고, 모든 사람이 끊임없이 그리고 끊임없이 철학하지 않고, 극히 드문 예외만이 그렇게 한다는 사실에서 판단할 수 있다."

"만약 세상이 사치와 안락의 낙원, 젖과 꿀이 흐르는 땅이라면, 모든 평범한 남자가 아무런 어려움 없이 즉시 그의 여자를 얻을 수 있다면, 인간은 권태로 죽거나 목을 매달 것이다. 아니면 전쟁, 대량 학살, 살인이 일어날 것이다. 그래서 결국 인류는 자연의 손에서 지금 겪는 고통보다 더 많은 고통을 스스로에게 가할 것이다." - 아르투어 쇼펜하우어, 비관주의 연구

"어떤 종류의 불행이나 고통 속에서도 가장 좋은 위안은 자신보다 훨씬 더 어려운 처지에 있는 다른 사람들을 생각하는 것이다. 그리고 이것은 누구에게나 열려 있는 위안의 한 형태이다. 그러나 이것이 인류 전체에게 얼마나 끔찍한 운명인가! 우리는 도살자의 눈 아래서 뛰어노는 들판의 어린 양과 같아서, 그는 먼저 한 마리, 그리고 다른 한 마리를 그의 먹이로 고른다." - 아르투어 쇼펜하우어, 세계의 고통에 대하여

"잠은 우리가 죽을 때 상환받게 될 원금에 대한 이자가 된다. 이 이자율이 높고, 정기적으로 지급될수록 상환일은 더 멀어진다."

"거절이 얼마나 깊은 상처를 주는지를 두고 놀라는 것은, 수용이 무엇을 수반하는지를 간과하는 것이다. 우리가 고통을 느끼는 것은 이상한 일이 아니다. 오히려 그렇지 않다면 이상한 일이다."